KOLPINGWERK IN STAAT UND GESELLSCHAFT

Schriftenreihe des Kolpingwerkes Deutscher Zentralverband

10

Engagement für die Vermögensbildung

D1719609

Kolping-Verlag Köln
1985

Inhalt

Vorwort:
Adolph Kolping und die Vermögensbildung   S. 3

I   Schwerpunkte und Mängel der Vermögensbildung für die Arbeitnehmer in der Bundesrepublik Deutschland   S. 7

II   Grundsätzliche Aussagen, Erklärungen und Stellungnahmen des Kolpingwerkes zur Vermögensbildung in Arbeitnehmerhand   S. 17

   1. Grundsätzliche Aussagen des Kolpingwerkes zur Vermögensbildungspolitik   S. 17

   2. Erklärungen des Kolpingwerkes zur Vermögensbildung in Arbeitnehmerhand   S. 24

   3. Stellungnahme des Kolpingwerkes zu aktuellen vermögensbildungspolitischen Fragen   S. 33

   4. Zusammenfassende Hinweise   S. 36

III   Initiativen und Aktivitäten des Kolpingwerkes im Bereich der Vermögensbildung in Arbeitnehmerhand   S. 39

   1. Am Anfang stand eine Idee – Anmerkungen zum Volksaktienverein in der Deutschen Kolpingsfamilien   S. 39

   2. Kolping-Zuschußkasse Schwäbisch-Gmünd – ein neues Modell für Vermögensbildung   S. 47

   3. Das „Pieroth-Modell" – ein Beispiel für betriebliche Vermögensbildung   S. 49

   4. Durch Selbsthilfeaktivitäten zum Wohneigentum   S. 54

   5. „Vila Kolping" in Batalha – Bausparkasse für bedürftige Landarbeiterfamilien im Nordosten Brasiliens   S. 62

IV   Vermögensbildung in Zahlen und Modellen   S. 65

   1. Modelle zur Vermögensbildung in Arbeitnehmerhand   S. 65

   2. Statistiken zur Vermögensbildung   S. 79

Vorwort: Adolph Kolping und die Vermögensbildung

Vermögensbildung in Arbeitnehmerhand — ein Diskussionsgegenstand für Adolph Kolping und den Katholischen Gesellenverein in der Mitte des 19. Jahrhunderts? Unbeschadet der je konkreten Begrifflichkeiten muß diese Frage mit einem klaren Ja beantwortet werden.

Die Zielsetzung Kolpings ging dahin, jungen Menschen — Handwerksgesellen — durch den Verein und das ihm angeschlossene Haus (Gesellenhospitium) Heimat und Hilfestellung zu geben. In christlich geprägter Umgebung und familienhafter Geborgenheit sollten ihnen bessere Chancen geboten werden, etwas aus sich zu machen. Sie sollten durch die vielfältigen Aktivitäten und Angebote des Vereins angeregt und befähigt werden, als tüchtige Christen ihr Leben in Beruf, Familie und Gesellschaft selbstverantwortlich in die Hand zu nehmen und zu gestalten. Dieses Wirken tüchtiger Christen sollte dann einen wesentlichen Beitrag zu positiver Veränderung der Verhältnisse leisten, die Kolping nicht vorrangig durch Strukturreform von oben herab für möglich hielt.

Daraus ergibt sich der grundlegende Akzent der Kolpingschen Auseinandersetzung mit Fragen der Vermögensbildung: Verantwortliche Lebensgestaltung ist — ganz allgemein gesagt — um so eher möglich, je größer der tatsächliche Verantwortungsspielraum des einzelnen in seiner je konkreten sozialen Eingebundenheit ist. In der Vermögensbildung (ganz allgemein verstanden) sieht Kolping ein „Instrument" im Interesse materieller Sicherheit und damit größerer Freiheit und Verantwortung des einzelnen und seiner Familie. Vermögensbildung ist in diesem Sinne für Kolping von grundsätzlicher gesellschaftspolitischer Bedeutung: Je größer der — eben auch materiell abgesicherte — Hand-

lungsspielraum des einzelnen ist, desto menschenwürdiger — weil der Freiheit und Verantwortung des einzelnen angemessener — kann Gesellschaft sein.

Die besondere Zuwendung Kolpings zu den Handwerksgesellen resultierte aus seiner Überzeugung, daß
gerade sie durch ihre berufliche Qualifikation und die
sich daraus ergebende Chance, später einmal die Mei-
sterschaft und damit auch die wirtschaftliche Selbstän-
digkeit zu erlangen, zumindest potentiell eine besonders wichtige Bevölkerungsgruppe darstellt. Gerade
vom bürgerlichen Mittelstand ging in der Sicht Kolpings entscheidende gesellschaftsprägende Bedeutung aus, so daß für ihn die Zielgruppe der künftigen
Meister und selbständigen Handwerker ein besonders
wichtiges und interessantes Arbeitsfeld darstellen
konnte. Aus diesem Ansatz ergibt sich zum Thema
Vermögensbildung eine naheliegende Konkretisierung: Ganz wesentlich ging es um das Ziel der Gründung einer selbständigen Existenz für den jungen
Handwerker.

Die Zeit Adolph Kolpings ist gerade auch durch weitge-
henden Umbruch in allen Lebensverhältnissen
geprägt, wozu auch das Herauslösen des Menschen
aus überkommenen Bindungen und Ordnungen
führte, der Zerfall traditioneller Regelungsmechanis-
men im gesellschaftlichen Leben. Nicht zuletzt galt
dies für die soziale Sicherheit des einzelnen, wo über-
kommene Organisationsformen zerbrachen, neue
Sicherungssysteme, wie wir sie heute gewohnt sind,
aber noch lange nicht etabliert waren. Aus dieser
Situation ergab sich eine weitere Konkretisierung des
Kolpingschen Ansatzes: Es ging auch und zunächst
um die ganz konkrete persönliche Daseinssicherung
und Daseinsvorsorge des arbeitenden Menschen.

Adolph Kolping und die Vermögensbildung — die hier
angedeuteten Akzente seiner Beschäftigung mit diesen Fragen sind nicht unbedingt identisch mit den
vielfältigen Überlegungen und Zielvorstellungen der

heutigen Vermögensbildungsdiskussion, aber sie beinhalten doch Positionen von durchaus grundsätzlicher Relevanz, die auch für die aktuellen Diskussionen von Interesse sein können.

Köln, im März 1985   Michael Hanke

(Wesentliche Aussagen Kolpings zu den hier angesprochenen Fragen finden sich in den Texten der Bände 3—5 der Kolping-Schriften, die unter dem Titel „Soziale Frage und Gesellenverein" stehen. Band 3 liegt bereits vor, die Bände 4 und 5 erscheinen im Laufe des Jahres 1986. Diese Bände enthalten auch weiterführende Literaturverzeichnisse zur Person Kolpings sowie zu seinem Wollen und Handeln.)

Adolph Kolping
* 8. 12. 1813 - † 4. 12. 1865

I. Schwerpunkte und Mängel der Vermögensbildung für die Arbeitnehmer in der Bundesrepublik Deutschland

Aussagen über „Vermögensbildung" im allgemeinen und über "Vermögensbildungspolitik für die Arbeitnehmer in der Bundesrepublik Deutschland" sehen sich vor allem zwei Schwierigkeiten gegenüber, nämlich

1. Die „Vermögensbildungspolitik für die Arbeitnehmer" wird nicht selten auf Teilhabe am Produktivkapital eingeschränkt, und
2. die Vermögensstatistiken sind immer noch unzureichend.

Während der erste Mangel nach Möglichkeit durch entsprechende Hinweise zu ergänzen versucht wird, sind die mangelhaften statistischen Daten kaum zu ersetzen. Dennoch sind einige Zahlen verfügbar, um Schwerpunkte und Mängel der Vermögensbildung resp. der Vermögensbildungspolitik für Arbeitnehmer in der Bundesrepublik Deutschland darzustellen. Bezogen auf die Aktivitäten des Kolpingwerkes werden vor allem ausgewählt: Vermögensbildung resp. Vermögensbildungspolitik der Arbeitnehmer durch „Sparen", durch Eigenheim (eigene Wohnung) und Vermögensbildung für die Arbeitnehmer durch Teilhabe am Produktivkapital.

„Sparen" und „Spar"-Politik für Arbeitnehmer

Die Zahl der Arbeitnehmerhaushalte (Arbeiter, Angestellte, Beamte) die über Spar-„Vermögen" verfügen, hat in den 60er bis 70er Jahren erheblich zugenommen. Die Arbeitnehmerhaushaltsvorstände, die über

Sparbücher verfügen, stiegen von 67% (1962) auf 95% (1973),[1] die Arbeitnehmerhaushalte mit nicht zugeteilten Bausparverträgen stiegen im gleichen Zeitraum um das mehr als Dreifache, nämlich von 16% auf 49%, und die Lebensversicherungsverträge von Arbeitnehmerhaushalten konnten in derselben Zeit aufgestockt werden von 49% auf 81% aller Haushalte. Demgegenüber ist die Zahl der Arbeitnehmerhaushalte mit Wertpapieren im Verhältnis noch geringfügig, nämlich nur 27% im Jahre 1973; 1962 waren es allerdings nur 12% aller bundesrepublikanischen Haushalte.

Über die Arbeitnehmersparquote legt das Presse- und Informationsamt der Bundesregierung[2] keine Zahlen vor. Die allgemeine Sparquote stieg von 8,5% im Jahre 1960 bis auf 15,3% im Jahre 1975 und ging dann in den folgenden 3 Jahren auf 13% zurück. Es ist anzunehmen, daß die Arbeitnehmersparquote sich analog dazu entwickelt hat.

An vermögensbildungspolitischen Maßnahmen zur Sparförderung der Arbeitnehmer sind vor allem zu nennen die vier Vermögensbildungsgesetze und das sogenannte Belegschaftsaktiengesetz. So wurden, nach Angaben der Bundesregierung, seit 1974, einschließlich Prämien und Zinsen, über 11 Mrd. DM jährlich geleistet. 1978 haben 18% der Arbeitnehmer das bekannte 624 DM-Gesetz voll ausgeschöpft und 1980 konnten fast die Hälfte aller Arbeitnehmer den Rahmen des Vermögensbildungsgesetzes voll nutzen. Schon im Jahre 1978 nahmen verschiedene durch Tarifverträge geregelte vermögenswirksame Leistungen 92% aller Arbeitnehmer wahr. Über das 4. Vermögensbildungsgesetz (6. 2. 1984) liegen verständlicherweise noch keine entsprechenden Zahlen vor.

Dennoch: Diese stolzen Zahlen können eindeutige Mängel für die Arbeitnehmerhaushalte in der Vermögensbildungspolitik nicht verdecken, so z. B.

— Die oben aufgewiesenen gesetzlichen Maßnahmen zur Sparförderung der Arbeitnehmerhaushalte scheinen zum Teil dem Verdacht ausgesetzt, auch das „Konsum-Sparen", und nicht nur die Sach-Vermögensbildung, zu stützen.

— Die oben genannten gesetzlichen Regelungen zur Vermögensbildung für Arbeitnehmer sind gegen hohe Preissteigerungen oder gar Inflationsraten nicht abgesichert. Der reale Sparzuwachs ist daher zum Teil sehr gering.

Zur Vermögensbildung durch Wohnungsbauförderung

Neben dem bereits erwähnten Anstieg der nicht zugeteilten Bausparverträge, worüber Arbeitnehmerhaushalte verfügen, haben nach den Zahlen des Presse- und Informationsamtes der Bundesregierung 39% aller Arbeitnehmerhaushalte eigenen Haus- und Grundbesitz.[3]

Die vermögenspolitischen Förderungen von eigenen Wohnungen und Eigenheimen sind in der Bundesrepublik Deutschland, sieht man von Bausparförderung und einigen landespolitischen Aktivitäten, wie beispielsweise Niedersachsen, ab, letztlich eingegrenzt auf entsprechende steuerliche Abschreibungen, die allerdings nicht nur Arbeitnehmer beanspruchen können. Es fehlen beispielsweise gesetzliche Regelungen zum Erwerb für Arbeitnehmerhaushalte durch Mietkauf, ebenso versperrt die Objektförderung gerade zahlreichen wohnungsbedürftigen Arbeitnehmern den Erwerb einer eigenen geförderten Wohnung. Die Subjektförderung wäre ohne Zweifel eine große Hilfe gerade für viele Arbeitnehmer.[4]

Zur Vermögensbildung für Arbeitnehmer durch Teilhabe am Produktivkapital

Zunächst einige Fakten: In den letzten Jahren hat die

Mitarbeiterbeteiligung als Instrument der betrieblichen Vermögensbildung an Bedeutung zugenommen. Heute gibt es an die 800 Unternehmen, bei denen die Mitarbeiter am Betriebsvermögen des Unternehmens beteiligt sind.[5] An die 800 000 Arbeitnehmer halten ein Kapital von 2,3 Mrd. DM Produktivvermögen. Bei den Aktiengesellschaften soll im Durchschnitt schon jeder 5. der dort beschäftigten Arbeitnehmer Belegschaftsaktionär sein.[6] Allerdings fehlt, nach Auskünften der AGP, bisher ein Modell im Bereich des Handwerksbzw. der Kleinbetriebe.[7]

Der Grad der Vermögenskonzentration hat sich auch dadurch zugunsten der Arbeitnehmer verschoben. Während die reichsten 1,7% Haushalte 1969 noch zwischen 55—60% des Produktivvermögens hielten, so verringerte sich diese Quote bis zum Jahre 1973 auf 51% und scheint im Jahre 1980 etwa zwischen 40 und 50% angelangt zu sein. Hinsichtlich des neugebildeten Vermögens ist festzuhalten, daß zwischen 1950 und 1959 die Arbeitnehmerhaushalte lediglich 20% ansammelten, zwischen 1960 und 1969 bereits 31% und zwischen 1970 und 1978 44%; zusätzliche 13% des neugebildeten Vermögens fielen auf Haushalte der Rentner. Erstmals hatten die Arbeitnehmerhaushalte die der Selbständigen in der Ansammlung neugebildeten Vermögens im Jahre 1973 überholt.

Die beachtlichen Erfolge der Vermögensbildung der Arbeitnehmer bezüglich des neugebildeten Vermögens sind allerdings nicht zu verwechseln mit den vermögensbildungspolitischen Bemühungen, die für die Arbeitnehmer eine größere Teilhabe am Produktivkapital zum Ziele haben.[8] Dazu bleibt anzumerken, daß entsprechende gesetzliche Initiativen nur sehr spärlich vorhanden waren. Erst nach der Bonner Wende nahmen die Aktivitäten zur Förderung der Vermögensbildung für die Arbeitnehmer wieder konkrete Gestalt an. Nachstehende Hinweise können dies verdeutlichen helfen.

— Beinahe ein ganzes Jahrzehnt wurden seitens der

sozialistisch-liberalistischen Koalition den Arbeitnehmern gesetzliche Initiativen für den Teilhabe-Erwerb am Produktivkapital versprochen. Hier sind beispielhaft zu erwähnen: entsprechende Erklärungen des Bundesministers Maihofer vom 19. 1. 1974,[9] ebenso verschiedene gesetzliche Initiativen der CDU/CSU-Fraktion,[10] desgleichen die Ankündigung in der Regierungserklärung 1976. In der Regierungserklärung 1980 von Helmut Schmidt fehlt eine Aussage zur Vermögensbildung des Arbeitnehmers durch Teilhabe am Produktivkapital.

– Nach dem Regierungswechsel in Bonn erklärte Bundeskanzler Helmut Kohl schon am 27. Januar 1983: „Wir haben die Elemente für den vorgesehenen Gesetzentwurf (zur Vermögensbildung der Arbeitnehmer) festgelegt. Arbeitnehmer und Unternehmer erhalten somit bereits vor der Wahl Gewißheit, wie die Vermögensbildung in Arbeitnehmerhand nach unseren Vorstellungen ausgebaut werden soll. Die Beteiligung breiter Schichten an der Vermögensbildung ist heute mehr denn je ein wirtschaftliches und soziales Gebot."[11] Nur vier Monate nach der Bundestagswahl, am 29. Juni 1983, hat die Bundesregierung dieses Versprechen des Bundeskanzlers eingelöst und den Entwurf eines Vermögensbeteiligungsgesetzes beschlossen. Mit Datum vom 6. 2. 1984 wurde das Gesetz, teils rückwirkend zum 1. 1. 1984, veröffentlicht.

Die wohl wichtigste Neuerung dieses Gesetzes ist: Der Förderungsbetrag von 624,– DM nach dem 4. Vermögensbildungsgesetz wird für Vermögensbeteiligungen auf 936,– DM aufgestockt. Zulagebegünstigt ausgeschöpft werden kann der Aufstockungsbetrag von 312,– DM allein durch Kapitalbeteiligungen und Arbeitnehmerdarlehen.

Die Reservierung des Aufstockungsbetrages für Kapitalbeteiligungen und Arbeitnehmerdarlehen dient sowohl der Beteiligung der Arbeitnehmer am

Produktivkapital als auch der Stärkung der Investitionskraft der Unternehmen.[12]

— Vermögensbildungsinitiativen für Arbeitnehmer durch Teilhabe am Produktivkapital wurden und werden zudem keinesfalls durchgängig von DGB-Gewerkschaften, etwa durch tarifvertragliche Vereinbarungen, angestrebt. Die frühen bahnbrechenden Anfänge der Gewerkschaft BSE, und dies unter ihrem damaligen Vorsitzenden Leber, haben immer noch bei einigen sehr großen Gewerkschaften sehr erbitterte Gegner. Neuerdings scheinen aber seitens der Gewerkschaften die Befürworter der Vermögensbeteiligung zuzunehmen.[13]

— Die damit neu aufkommenden Modelldiskussionen werden immer noch, und teils schon wieder, durch Vorstellungen bzw. Forderungen blockiert, daß nur überbetriebliche Vermögensbildung des Arbeitnehmers ein Beitrag zur Teilhabe am Produktivkapital darstellen könne.[14]

Diese wenigen Hinweise zu Schwerpunkten und Mängeln der Vermögensbildung des Arbeitnehmers werden zusammengefaßt in folgende Postulate:

1. *Ansatz jeglicher demokratischen Vermögenspolitik muß sein sowohl die grundgesetzlich garantierte Chancengleichheit und Chancengerechtigkeit des Menschen (Artikel 3), des Selbständigen wie des Nichtselbständigen, des Arbeitnehmers wie des Arbeitgebers, von Mann und Frau als auch der ebenfalls grundgesetzlich geforderte Schutz des sozial Schwächeren (Artikel 20).*

2. *Ziele der Vermögenspolitik im allgemeinen und der Vermögensbildungsbemühungen für den Arbeitnehmer im besonderen sollen vor allem sein: verbesserte Existenzsicherung, Erweiterung der Freiheit und der Verantwortung, Verbesserung der Lebensverhältnisse des einzelnen und seiner Familie, größere soziale Gerechtigkeit der Wirtschaftsordnung u. a.*

3. Durchgängige Leitsätze jeglicher Vermögenspolitik, und konsequent auch aller Vermögensbildungsbemühungen für Arbeitnehmer durch Teilhabe am Produktivkapital, müssen sein: die Arbeit ist für den Menschen da und nicht der Mensch für die Arbeit, und weiter: das Vermögen dient dem Menschen und nicht umgekehrt. Menschen- und ortsferne Fondbildungen sind daher nicht als die geeigneten Instrumente für die Teilhabe des Arbeitnehmers am Produktivkapital einzuordnen.

4. Die Vermögensbildung in Arbeitnehmerhand ist auch zur Entkrampfung der historischen Spannung zwischen Arbeit und Kapital, ebenso zur grundsätzlichen Absicherung der Mitbestimmung als Teilhabe des betroffenen Arbeitnehmers am Produktivkapital einzuordnen und deshalb auszubauen. Eine (tarifliche oder gesetzliche) Verpflichtung des arbeitenden Menschen zur Teilnahme am Produktivkapital ist daher in den nächsten Jahren, zumindest für den EG-Bereich, anzustreben.

5. Vermögenspolitik und Sozialpolitik sind keine Gegensätze, sondern sie bedingen sich gegenseitig auf vielfache Weise: Ihre politischen Ziele und ihre Finanzierungsquellen sind identisch; eine Verbreiterung der Vermögensbildung und eine Ausweitung des sozialen Netzes sind zwar in Zeiten wirtschaftlichen Wachstums politisch leicht durchsetzbar, als Instrument für eine Belebung der Konjunktur scheint Vermögensbildung, und dies auch trotz des 4. Vermögensbildungsgesetzes, als Teilhabe des Arbeitnehmers am Produktivkapital immer noch zu wenig anerkannt. Erfolgreiche Vermögensbildung erfordert obendrein die Geldwertstabilität.[15]

Anmerkungen

[1] Die entsprechenden statistischen Daten sind entnommen aus: Gesellschaftliche Daten 1979, hrsg. vom Presse- und Informationsamt der Bundesregierung. Stand August 1979. Neuere Zahlen werden in dieser Quelle nicht ausgeworfen; sie bezieht sich durchgängig auf die Einkommens- und Verbraucherstichprobe des Jahres 1973 (vgl. S. 166 f.)

[2] Vgl. ebd.

[3] Vgl. ebd. S. 167

[4] So fordern beispielsweise die Autoren des 3. Familienberichtes: „Verhältnis von Subjekt- zu Objektförderung ist zugunsten der Subjektförderung zu verändern" (sh. Drucksache 8/3121 vom 20. 8. 1979, S. 174, 2. Spalte). Dazu stellt jedoch die Bundesregierung fest, daß sie dieser Forderung nicht entsprechen könne (vgl. DR 8/3120 vom 20. 8. 1979, S. 16 f.).

[5] Vgl. dazu Vermögensbildung, Kapitalbildung, Krisenvorbeugung, hrsg. von W. Kannengießer, Bachem Köln 1980, S. 21.

[6] Vgl. ebd.

[7] Bei einem Gespräch mit Vertretern der AGP (Arbeitsgemeinschaft für Partnerschaft im Betrieb) wurde auf Anfrage diese Auskunft erteilt. Vgl. dazu auch Vermögensbildung a. a. O. S. 32 f.

[8] Es bleiben hier Ausführungen ausgeklammert über die sogenannten Volksaktienvereine resp. Kleinaktienvereine, zumal darüber unter dem 4. Abschnitt besondere Hinweise resp. Aktivitäten des Kolpingwerkes eingeblendet werden.

[9] In einer Koalitionsvereinbarung vom 22. 1. 1974 wurden zwischen SPD und F.D.P. „Grundlinien eines beabsichtigten ‚Vermögensbeteiligungs-Gesetzes'" festgeschrieben. Wiedergegeben wurden diese Grundlinien im Bulletin der Bundesregierung vom 30. 1. 1974.

[10] Hier werden nur einige Initiativen der CDU/CSU genannt, so beispielsweise CDU/CSU-Entwurf über ein Beteiligungslohn-Gesetz (BLG). Dem Bundestag vorgelegt am 14. April 1970. Bundesdrucksache VI/616 CDU/CSU-Gesetzentwurf über Unternehmensbeteiligungs-Gesellschaften (UBGG). Dem Bundestag eingereicht am 27. 6. 1972. Bundestagsdrucksache V/3614 CDU/CSU-Gesetzentwurf über die Förderung der UBGG.

Dem Bundestag vorgelegt am 26. 6. 1972. Bundestags-
drucksache VI/3615
CDU/CSU-Gesetzentwurf über weitere Privatisierung von
Bundesvermögen. Dem Bundestag vorgelegt am 16. 11.
1970. Bundestagsdrucksache VI/1434
CDU/CSU-Gesetzesantrag über betriebliche Gewinn- und
Kapitalbeteiligung der Arbeitnehmer. Dem Bundestag vor-
gelegt am 26. 6. 1972. Bundestagsdrucksache VI/3613
Vermögenspolitisches Grundsatzprogramm des Bundes-
parteitages der CDU, Hamburg, November 1973
Verbund-Konzeption: „Mitbestimmung und Eigentumsbil-
dung". CDU Nordwürttemberg, August 1973
CDU-Parteitagsbeschluß Nordwürttemberg vom 17. 3.
1973, Göppingen: 1248 DM/ Jahr statt 624 DM
Vgl. ebenfalls „Das neue Unternehmen" 2/82, S. 17, insbesondere aber S. 18.

11) Förderung der Vermögensbildung. ABC Nr. 33/83 vom
17. 11. 83, S. 10 f.

12) Sh. ebd. und 4. Gesetz zur Förderung der Vermögensbildung der Arbeitnehmer. BGBL 1984 Teil I, S. 202−209,
insbes. § 12 Abs. 2

13) Nach der Zeitschrift „Das neue Unternehmen" (a. a. O.)
werden verschiedene neue Initiativen erwähnt, so beispielsweise tarifvertragliche Vorschläge der Angestellten-
gewerkschaft (DAG) vom 23. 9. 1981, wonach die Arbeitnehmer über die Belegschaftsaktie zum stillen Gesellschafter werden sollen. Desgleichen wird dort berichtet
über ein Papier der Gewerkschaft Textil Bekleidung mit
der Überschrift „Arbeitsplatz- und Zukunftssicherung der
Arbeitnehmer durch betriebliche Vermögensbildung".
Desgleichen wird eine Information eingeblendet über
einen Gesetzentwurf zur Förderung der freiwilligen betrieblichen Gewinn- und Kapitalbeteiligung der niedersächsischen Landesregierung, ebenso ein Forderungska-
talog der CDU/CSU für die Änderung des 3. Vermögensbildungsgesetzes.

14) Den Gesetzentwurf der niedersächsischen Landesregierung hat Heinz Oskar Vetter jedoch abgelehnt mit folgenden Worten: „Unter dem Deckmäntelchen der Beschäfti-
gungspolitik soll sich hier die betriebliche Vermögensbeteiligung der Arbeitnehmer einschleichen und zugleich
soll sich der Staat von wirksamen beschäftigungspoliti-
schen Maßnahmen freikaufen. Dies werden die Gewerkschaften nicht mittragen" ... Daß diese Argumentation

weder in Ansatz noch im Ziel, und konsequent auch nicht im Inhalt, stichhaltig ist, ergibt sich aus den obigen Ausführungen (sh. ebd. S. 16).

[15)] Vgl. dazu auch Vermögensbildung . . . a.a.O. S. 36.

II. Grundsätzliche Aussagen, Erklärungen und Stellungnahmen des Kolpingwerkes zur Vermögensbildung in Arbeitnehmerhand

Die Bemühungen des Kolpingwerkes um Vermögensbildung in Arbeitnehmerhand sind eingebettet in die Katholische Soziallehre, zu deren Entwicklung schon Adolph Kolping gerade hinsichtlich der Vermögensbildung der Arbeitnehmer sehr entscheidende Impulse gegeben hat. Auf dieser Basis und in diesem Rahmen sind grundsätzliche Aussagen des Kolpingwerkes angesiedelt, die auch für die Vermögensbildungspolitik im Interesse der Arbeitnehmer von Bedeutung sind (2.1). Die Grundsatzaussagen wurden von den zuständigen Gremien des Verbandes in verschiedenen Erklärungen konkretisiert (2.2) und durch Stellungnahmen zu aktuellen vermögenspolitischen Problemen ergänzt (2.3).

1. Grundsätzliche Aussagen des Kolpingwerkes zur Vermögensbildungspolitik

Das gesellschaftspolitische Leitbild (1969)

Je mehr freigesetzte Verantwortung, um so menschenwürdiger die Ordnung.

Verabschiedet von der Zentralversammlung der Deutschen Kolpingsfamilie am 7. Juni 1969 in Münster.

Wandel und Dynamik kennzeichnen die heutige Gesellschaft, sie bietet neue Dimensionen menschlicher Verwirklichung, aber es drohen auch neue Formen sozialer Zwänge, ökonomischer Abhängigkeiten und geistiger Bevormundung. Die gesellschaftliche

Zukunft rational mitentwerfen und mitformen, das ist die Forderung und Chance für jeden – dem müssen wir gerecht werden.

Wir sind der Überzeugung, daß der Mensch „Träger, Schöpfer und Ziel" allen gesellschaftlichen Geschehens sein muß. Die Möglichkeit menschlicher Entwicklung – und damit des Menschseins – wird aber wesentlich durch den Umfang freien und verantwortlichen Handelns mitbestimmt. Das entspricht auch dem christlichen Verständnis der Person, nach dem der Mensch sein Handeln selbst bestimmt, seine Entscheidungen aber auch an letzten Bindungen und Werten orientieren soll.

Gesellschaft und Staat sind so auszuformen, daß jeder seine Persönlichkeit entwickeln, seine Fähigkeiten finden, zum eigenen und zum Nutzen aller einsetzen und bei der Gestaltung der Gesellschaft verantwortlich mitarbeiten kann. Bei der Erfüllung von Aufgaben, die die Möglichkeit des einzelnen übersteigen, müssen Staat und Gesellschaft helfend eingreifen.
Aufgabe der staatlichen Politik und der gesellschaftlichen Gruppen ist es vor allem, das Zusammenspiel aller Kräfte auf die Verwirklichung einer menschenwürdigen Gesellschaft hinzulenken. Die Weiterentwicklung des sozialen Lebens macht das freie Wirken von Verbänden und anderen freien gesellschaftlichen Kräften erforderlich.

Das kulturelle Leben und die Entfaltung humaner und geistiger Werte dürfen nicht zugunsten einer einseitigen materiellen Zielsetzung vernachlässigt werden. Demnach kann die Steigerung des Sozialproduktes und die Hebung des Lebensstandards nicht das wichtigste und ausschließliche Ziel der Wirtschaft sein. Die menschliche Arbeit ist also im ökonomischen Prozeß nicht nur nach ihrem Produktionsergebnis zu werten, sondern sie hat auch zur schöpferischen Selbstverwirklichung des Menschen und des sozialen Lebens beizutragen.

Der Mensch erfährt sich stets als sozial verflochtenes Wesen. Diese Verflochtenheit ist stärker durchschaubar zu machen, damit sie bejaht und sinngemäß ausgeformt werden kann.

Diese gesellschaftspolitischen Vorstellungen lassen sich zusammenfassen in dem Grundsatz: Je mehr freigesetzte Verantwortung, um so menschenwürdiger die Ordnung.

Das Wörishofener Programm des Kolpingwerkes (1971) — Auszug —

Das Kolpingwerk fordert und fördert das Mitdenken, Mitsprechen, Mithandeln und Mitverantworten seiner Mitglieder im politischen Geschehen. Es versteht die Entfaltung und Verwirklichung der demokratischen Gesellschaft als ständigen Prozeß. Dadurch will das Kolpingwerk die freie und rechtsstaatliche Ordnung mitgestalten. Innerhalb dieser Ordnung setzt es sich insbesondere ein für die größtmögliche Chancengleichheit aller Menschen und die Lösung von Konflikten zwischen verschiedenen Gruppen.

Deshalb arbeitet das Kolpingwerk mit den politischen Parteien zusammen, die seine gesellschaftspolitischen Ziele bejahen sowie kooperationsfähig und -willig sind. Es fördert die Mitarbeit in den sozialen, wirtschaftlichen und beruflichen Selbstverwaltungseinrichtungen. Es unterstützt die Mitverantwortung im Bildungsprozeß und tritt dafür ein, die berechtigten Anliegen der Schüler und der Auszubildenden in den Entscheidungsprozeß einzubringen.

Dabei erachtet es das Kolpingwerk als notwendig, für die jeweiligen Einrichtungen und Organisationen fähige Verantwortungsträger heranzubilden. Es fordert seine Mitglieder auf, sich in demokratischen Parteien und überparteilichen Gremien zu engagieren. In der erforderlichen Offenheit leistet der Verband auch durch sie in den einzelnen Bereichen seine Mitarbeit für die Gesellschaft.

Das Paderborner Programm des Kolpingwerkes (1976) — Auszüge —

Allgemeine Aussagen

Botschaft Jesu Christi

4 Grundlage für das Wirken des Kolpingwerkes ist die Person und Botschaft Jesu Christi. Das persönliche Bekenntnis zu Jesus Christus und der gemeinsame Glaube an ihn sind Grundlage und Ziel für ein bewußtes Handeln der Mitglieder und des Verbandes.

Katholische Soziallehre

7 In der Verwirklichung und Weiterführung der Katholischen Soziallehre weiß sich das Kolpingwerk berufen, mitzuwirken an der Errichtung und Gestaltung einer menschenwürdigen Welt. Die Katholische Soziallehre gibt Aufschluß darüber, wie eine der christlichen Auffassung vom Menschen entsprechende soziale Ordnung aussehen soll. Aus ihr erhalten die Mitglieder Antwort auf die Frage, an welchen Wert- und Zielvorstellungen sie sich zu orientieren haben, um ihrer sozialen Verantwortung gerecht zu werden.

Adolph Kolping

9 Auf dieser Grundlage verwirklichte der Priester Adolph Kolping sein Christsein beispielhaft, indem er sich in den Dienst junger Menschen stellte und diese Welt mitgestaltete. Er wollte durch ein umfassendes Angebot an Bildungs- und Lebenshilfen im religiösen, familiären, beruflichen und gesellschaftlichen Bereich jungen Menschen zur Entfaltung ihrer Persönlichkeit verhelfen und sie damit zugleich zur Wahrnehmung ihrer Verantwortung anregen und befähigen.

Personale Entfaltung

11 Aufgabe des Kolpingwerkes ist es, Hilfe zu leisten für die personale Entfaltung seiner Mitglieder und aller, die seinen Dienst in Kirche und Gesellschaft

in Anspruch nehmen. Personale Entfaltung bedeutet, alle Kräfte und Fähigkeiten zu entwickeln und auszuformen. Dabei geht es sowohl um die Nutzung der gegebenen Chancen für das eigene Wohl als auch um die Verantwortung für den Nächsten. Ansatzpunkt der Arbeit des Kolpingwerkes ist der Mensch mit seinen Bedürfnissen und Interessen in seiner konkreten Lebenssituation.

Gesellschaftliches Apostolat
15 Dem Kolpingwerk als katholisch-sozialem Verband obliegt vor allem der Weltdienst. Es sieht eine vordringliche Aufgabe darin, seine Mitglieder zu verantwortlichem Mitdenken, Mitsprechen und Mithandeln in allen Bereichen der Gesellschaft anzuregen und zu befähigen.

Verwirklichung von Demokratie
16 Die Verwirklichung einer demokratischen Gesellschaft nach den Werten und Normen, wie sie im Grundgesetz der Bundesrepublik Deutschland festgeschrieben sind, erkennt das Kolpingwerk als ständige Aufgabe. Insbesondere setzt es sich ein für Chancengerechtigkeit sowie für eine der Gerechtigkeit wie dem Gemeinwohl verpflichtete Lösung von Konflikten. Es arbeitet deshalb mit allen Personen und Gruppierungen zusammen, die seinen Zielen nicht entgegenstehen und zu einer sachgerechten Zusammenarbeit bereit sind.

Mitarbeit in den Verbänden
25 Das Kolpingwerk fördert die Koalitionsfreiheit sowohl für Arbeitnehmer wie auch für Arbeitgeber. Eine wesentliche Aufgabe sieht es darin, seine Mitglieder anzuregen und zu befähigen, in den Berufsverbänden mitzuarbeiten, um die gesellschaftspolitischen Ziele des Kolpingwerkes zu verwirklichen.

Infolge seiner Entstehung als katholischer Gesellenverein legt das Kolpingwerk auch in Zukunft besonderen Wert auf die Mitgliedschaft von Arbeitnehmern, was nicht Ausschließlichkeit bedeutet.

Bildung von Arbeitnehmern und Vertretung ihrer Interessen betrachtet das Kolpingwerk als wesentliche Aufgaben.

Für die Arbeitnehmer sind die Gewerkschaften von entscheidender Bedeutung. Im Hinblick auf Verflechtung und Konzentration der Wirtschaft erwachsen den organisierten Arbeitnehmern neue Aufgaben. Das Kolpingwerk bejaht die Notwendigkeit von Gewerkschaften und unterstützt ihre Tätigkeit, soweit sie diesem Programm nicht widerspricht.

Seit seiner Gründung weiß sich das Kolpingwerk mit dem Handwerk verbunden. Auch in Zukunft will es eng mit dem Handwerk zusammenarbeiten, seine Anliegen mittragen und seine Interessen mitvertreten.

Selbstverwaltung

34 Von seinem Menschenverständnis her bejaht und unterstützt das Kolpingwerk deshalb eine Gesellschafts- und Sozialpolitik auf der Grundlage sowohl der Initiativen des einzelnen als auch der mitwirkenden Hilfe durch die Gesellschaft. Insbesondere setzt sich das Kolpingwerk für den Ausbau und die gesetzliche Absicherung aller Selbstverwaltungsorgane in unserer Gesellschaft ein, um so einen möglichst großen Freiraum verantworteter Entfaltung zu ermöglichen. Von seinen Mitgliedern fordert es die aktive Mitarbeit in den Selbstverwaltungsbereichen . . .

Politische Mitverantwortung

40 Mitverantwortung für die staatliche Gemeinschaft ist Verpflichtung und Ausdruck christlichen Weltdienstes. Das Kolpingwerk fordert deshalb von seinen Mitgliedern die Kenntnis der Grundsätze der Katholischen Soziallehre und ihre glaubwürdige Darstellung in allen Bereichen des staatlichen und gesellschaftlichen Lebens sowie ein engagiertes Eintreten für die Erhaltung und den Ausbau des

demokratischen und sozialen Rechtsstaates. In ihm nimmt der Bürger im allgemeinen mittelbar über die Parteien an der politischen Willensbildung teil. Den Parteien fällt damit im Staat eine Schlüsselstellung zu, die sie zu einer verantwortlichen Politik allen Bürgern gegenüber verpflichtet.

Das Kolpingwerk fordert und fördert daher das Engagement seiner Mitglieder in den politischen Parteien, in denen sich die Ziele des Kolpingwerkes verwirklichen lassen.

Aussagen zur Vermögensbildungspolitik

Mitbestimmung und Mitverantwortung
24 Der Mensch darf in keinem Falle wirtschaftlichen Zielsetzungen untergeordnet werden. Besondere Bedeutung muß einer menschenwürdigen Gestaltung der Arbeitsbedingungen und einer am Menschen orientierten Organisation des Arbeitsplatzes zugemessen werden.

Das Kolpingwerk bejaht die paritätische Mitbestimmung durch die jeweils Betroffenen. Mitbestimmung schließt Mitverantwortung ein. Sie wird im hohen Maße gefördert durch die Beteiligung am Produktivvermögen, mit der zugleich ein Schritt zu einer menschengerechteren Vermögensverteilung gemacht wird.

Wirtschaftsordnung
36 Wirtschaft hat die Aufgabe, Grundlagen der persönlichen und gesellschaftlichen Lebensqualität zu schaffen, bereitzustellen und fortzuentwickeln. Dem Staat obliegt unter Beachtung des Subsidiaritätsprinzips die freie Entfaltung von Aktivitäten zu ermöglichen und, wo notwendig, zu unterstützen.

Das Kolpingwerk bejaht das Privateigentum; mit Nachdruck weist es jedoch auf die grundsätzliche Sozialpflichtigkeit des Eigentums hin, wie sie in der Katholischen Soziallehre begründet ist.

2. Erklärungen des Kolpingwerkes zur Vermögensbildung in Arbeitnehmerhand

Erklärung des Zentralpräsidiums der Deutschen Kolpingsfamilie zur Eigentumspolitik (9. März 1970)

1. Die Deutsche Kolpingsfamilie hält eine aktive Eigentumspolitik für notwendig. Sie ist der Auffassung, daß nur durch eine gesetzliche Regelung die Vermögensbildung in den breiten Schichten unseres Volkes, insbesondere bei den Arbeitnehmern, nachhaltig verbessert werden kann. Arbeitgeberverbände und Gewerkschaften sollen durch tarifvertragliche Vereinbarungen über vermögenswirksame Leistungen die gesetzliche Verpflichtung ersetzen können.

2. Die Deutsche Kolpingsfamilie hält den Investivlohn für den wirksamsten Weg zur Erreichung dieses Zieles. Ein monatlicher Betrag von DM 20,— zuzüglich einer staatlichen Zulage von 30 Prozent, wie es z. B. der Burgbacher-Plan vorsieht, ergibt für jeden Beschäftigten eine Sparsumme von DM 312,— im Jahr, was bei 22 Millionen Arbeitnehmern fast DM 7 Milliarden/Jahr ausmacht.

3. Die Anlage dieses Investivlohns muß grundsätzlich der freien Entscheidung jedes Sparers überlassen bleiben. Für die Anlagen sollen die Formen des Beteiligungssparens, nämlich der Erwerb von Aktien, Investmentzertifikaten und Wandelanleihen sowie der Erwerb von Anteilen an Kapitalbeteiligungsgesellschaften genutzt werden. Angehörigen des selbständigen Mittelstandes ist das Sparen im eigenen Betrieb mit gleich hohen Begünstigungen zu ermöglichen.

4. Arbeitnehmer, die sich selbständig machen, können die angesammelten Beträge zum Aufbau

eines eigenen Unternehmens ohne Verlust staatlicher Begünstigungen verwenden.

Erläuterungen

Zu 1: Die Deutsche Kolpingsfamilie gibt grundsätzlich der Freiwilligkeit bei der Vermögensbildung den Vorzug. Die Erfahrungen der letzten Jahre haben jedoch gezeigt, daß auf diese Weise das Ziel nicht erreicht wird. Bis Ende 1969 haben nämlich nur etwa 5 Millionen Arbeitnehmer das Zweite Vermögensbildungsgesetz angewandt, davon allein 4 Millionen Bürger aufgrund eigener Initiative durch Festlegung von Teilen ihres Einkommens bis zu DM 312,– und mit etwa 1 Million Arbeitnehmern in Form von Tarifverträgen und Betriebsvereinbarungen. Dieses Ergebnis ist völlig unzureichend, zumal auf diese Weise bisher nur etwa DM 1 Milliarde/Jahr gespart wurden. Daher ist eine Initiative zur gesetzlichen Regelung zu begrüßen, wobei jedoch die tarifvertraglichen Vereinbarungen nicht behindert, sondern möglichst angereizt werden. Dies könnte – wie im Burgbacher-Plan vorgesehen – dadurch geschehen, daß die Tarifpartner über den gesetzlichen Grundbetrag von DM 240,–/Jahr bis zu 50 Prozent hinausgehen und dafür die gleiche Begünstigung erhalten. Außerdem könnten den Unternehmern in einem solchen Falle Steuervergünstigungen eingeräumt werden, wie es sie beispielhaft im Zweiten Vermögensbildungsgesetz gibt.

Zu 2: Die Deutsche Kolpingsfamilie hat überlegt, ob einer gesetzlichen Gewinnbeteiligung der Vorzug vor dieser Investivlohn-Regelung zu geben sei. Folgende Gründe haben jedoch gezeigt, daß eine gesetzliche Gewinnbeteiligung ungeeignet ist, weil
– das Aufkommen aus einer gesetzlichen Gewinnbeteiligung zu gering ist, um im von uns gewünschten Maße die gesamtwirtschaftliche Vermögensverteilung zugunsten der Arbeitnehmer zu beeinflussen (nach Prof. Krelle nur ca. 1 Milliarde/Jahr),
– wegen der unterschiedlichen Unternehmensge-

winne besonders die expansiven Wirtschaftszweige belastet und damit das Wachstum der Wirtschaft ungünstig beeinflußt werden könnte,

- die notwendigen gesetzlichen Bestimmungen über die Feststellung und Aufteilung des Gewinns sehr erhebliche Schwierigkeiten bereiten,
- die wahrscheinlich unumgängliche Einschaltung eine zentralen Fonds zu neuen wirtschaftlichen Machtpositionen führen könnte.

Zu 3: Die Vermögensbildung sollte auf breiter Ebene zur Beteiligung aller am Produktivkapital der Wirtschaft führen. Davon bleibt in diesem Zusammenhang die vorgesehene Verdoppelung der begünstigten Aufwendungen nach dem Vermögensbildungsgesetz von DM 312,– auf 624,– unberührt. In erster Linie sind es Aktien, Investmentzertifikate sowie Wandelschuldverschreibungen, die für die Anlage der Gelder infrage kommen. Wenn das Angebot nicht ausreicht, sollten auch festverzinsliche Wertpapiere, Industrieobligationen, Pfandbriefe, Anleihen und Schatzbriefe vorgesehen werden. Für Personenunternehmen ist damit allerdings noch nichts zur Stärkung der Eigenkapitalbasis getan. Hier müßten neue Wege bzw. der Ausbau bestehender Möglichkeiten vorgesehen werden, insbesondere durch Schaffung und Ausweitung bestehender Kapitalbeteiligungsgesellschaften, die Personenunternehmen Kapital in Form von haftendem Eigenkapital verzinslich bereitstellen, ohne dabei ein Mitspracherecht in der Unternehmensführung zu erreichen. Dieser anonyme Teilhaber könnte manche bisher bestehende psychologische Sperre beseitigen. Die Kapitalbeteiligungsgesellschaften selbst geben kleingestückelte Anteilscheine aus, die von den Sparern erworben werden können.

Zu 4: Gerade im mittelständischen Bereiche könnte hier eine zusätzliche Förderung der Initiative erfolgen, einen selbständigen Betrieb zu eröffnen. Nicht zuletzt das fehlende Eigenkapital ist bisher ein großes Hemmnis, sich selbständig zu machen.

Köln, 9. März 1970
Für das Zentralpräsidium
gez. Msgr. H. Fischer Generalpräses
gez. Dr. Paul Hoffacker Zentralsekretär

Erklärung des Kolpingwerkes Deutscher Zentralverband zur Vermögensbildung (8. Dezember 1973)

Das Kolpingwerk Deutscher Zentralverband hat bereits in einer Erklärung vom 9. März 1970 Thesen für eine aktive Eigentumspolitik verabschiedet. Ansatz dafür war das gesellschaftpolitische Leitbild des Verbandes, Ziel der Erklärung die Beteiligung aller am Produktivkapital der Wirtschaft. In differenzierender Fortschreibung der vermögenspolitischen Grundsätze des Verbandes einerseits und im Blick auf die seither sehr unterschiedliche Diskussion der Frage „Vermögensbildung" andererseits, hält das Kolpingwerk Deutscher Zentralverband eine neuerliche vermögenspolitische Aussage für notwendig.

Als unverzichtbare Momente für eine aktive und auf Zukunft gerichtete Vermögenspolitik fordert der Verband:

1. Die sofortige Einführung eines gesetzlichen Beteiligungs- bzw. Investivlohnes von monatlich wenigstens DM 25,−; dies ist als verpflichtende Vorschrift für den Arbeitgeber ohne Beteiligung des Arbeitnehmers zu fassen. Zusätzlich freiwillige Vereinbarungen sind Sache der Tarifpartner;

2. die jährliche Aufstockung dieses Betrages entsprechend dem Zuwachs des realen Sozialproduktes;

3. die Anlegung der als Beteiligungs- bzw. Investivlohn gezahlten Leistungen in Beteiligungswerten;

4. im Interesse der vermögenspolitischen Zielsetzung für die Arbeitnehmer soll eine Verwendung dieser

Beteiligungswerte zu Konsumzwecken verhindert werden;

5. die Sparförderung nach den derzeit geltenden Gesetzen ist nach Familienstand und Einkommen verstärkt prämien- und steuerbegünstigt zu behandeln.

6. Zentrale Fonds werden aus Gründen einer abermaligen Abhängigkeit und Fremdbestimmung des Arbeitnehmers durch neue wirtschaftliche Machtposition abgelehnt.

Das Kolpingwerk Deutscher Zentralverband ersucht die politischen Parteien, Bundestag, Bundesrat sowie die Bundesregierung, im Interesse unserer Gesellschaft endlich eine, der Würde und Freiheit des Menschen entsprechende und dem Fortschritt der Gesellschaft dienende, aktive Vermögenspolitik zu entwickeln und möglichst umgehend in Kraft zu setzen.

Köln, 8. Dezember 1973
Der Zentralvorstand

Erklärung des Kolpingwerkes Deutscher Zentralverband zur Mitbestimmung (8. Dezember 1973) — Auszug —

1. Ansatz für die Mitbestimmung ist die Würde, Freiheit und Verantwortung des arbeitenden Menschen. Von daher ergibt sich die unabdingbare Verbindung von Mitbestimmung und Mitverantwortung.

2. Von diesem Ansatz her sind ebenfalls Vermögensbildung und Mitbestimmung mehr als bisher miteinander in Verbindung zu bringen.

Dies hat zur Folge, daß

a) die Vermögensbildung beschleunigt vorangetrieben werden muß,

b) einer in der heute unbestrittenen Gleichheit von

Arbeit und Kapital begründeten paritätischen Mitbestimmungsregelung vor allem politische Bedeutung zukommt.

3. Für ein wirksames und funktionsgerechtes Mitbestimmungsmodell gelten:

a) die Kapitaleigner haben die Interessen der Kleinaktionäre durch mindestens einen eigenen Vertreter wahrzunehmen;

b) die Arbeitnehmervertreter, die mit gleicher Zahl wie die Kapitaleigner den Unternehmensrat bilden, sind mindestens zu zwei Dritteln aus dem jeweiligen Unternehmen zu wählen;

c) im Unternehmensrat soll je ein Vertreter des Managements und des öffentlichen Interesses Sitz und Stimme haben, um etwaige Patt-Situationen zu überwinden.

Erklärung des Kolpingwerkes Deutscher Zentralverband zum Teilhabe-Erwerb (3. Dezember 1977)

Das Kolpingwerk Deutscher Zentralverband hat wiederholt zur Frage der Vermögensbildung Stellung bezogen, zuletzt in einer Erklärung vom 8. Dezember 1973. Ansatz für diese Erklärungen war das gesellschaftspolitische Leitbild von Münster (1969), das Ziel war die mitverantwortete Beteiligung des arbeitenden Menschen am Produktivkapital. In Fortschreibung und Konkretisierung der voraufgegangenen Aussagen fordert der Verband als Weg einer modernen zukunftsorientierten Vermögensbildung den Teilhabe-Erwerb.

Als Schritte auf diesem Wege sind aus der Sicht des Kolpingwerkes unverzichtbar:

1. Aufstockung der bisherigen Möglichkeiten der Kapitalbildung in Arbeitnehmerhand, so insbesondere

— Erhöhung des 624 DM-Gesetzes auf 1248 DM, wobei die „zweiten 624 DM" nur für Kapitalbesitz-Sparen gewährt werden.

- Wiederherstellung des Sparprämien-Besitzstandes von 25%, der seit 1974 bis auf 14% abgebaut worden ist.
2. Schaffung eines eigenen Gesetzes zur Vermögensbildung in Arbeitnehmerhand durch Teilhabe-Erwerb:
- Lösung für die Frage einer künftigen generellen Aufteilung des Lohnes in einem „konsumtiven", d. h. barausgezahlten, Lohnteil und in einen vermögenswirksamen („investiven") Lohnteil, der zur Bildung von Kapitalvermögensbesitz in Eigentum des Arbeitnehmers Verwendung findet.
- Lösung des „Stimmrechtsproblems" für die Aktionäre. Dafür ist insbesondere notwendig die Schaffung eines unabhängigen Vertretungssystems mit entsprechender Änderung des Depot-Stimmrechts.
- Befreiung von der Gewerbesteuer, der nach geltendem Recht auch der Arbeitnehmer-Kleinteilhaber noch unterworfen wird, obwohl er kein Gewerbetreibender und Unternehmer ist.
- Lösung der „Bewertungsfrage" für GmbH-Anteile und sonstige Anteile nach Nicht-Aktiengesellschaften, für die bisher eine einwandfreie börsentägliche Bewertung noch nicht möglich ist.

Das Kolpingwerk Deutscher Zentralverband ersucht die politischen Parteien, Bundestag, Bundesrat sowie die Bundesregierung, im Interesse unserer Gesellschaft endlich eine der Würde und der Freiheit des Menschen entsprechende und der Entfaltung des Menschen in Gesellschaft dienende aktive Vermögenspolitik in Form von Teilhabe-Erwerb zu entwickeln und möglichst umgehend in Kraft zu setzen.

Köln, 3. Dezember 1977
Der Zentralvorstand

Erklärung des Kolpingwerkes Deutscher Zentralverband zur Mitbestimmung und Vermögensbildung (10. Mai 1979)

Das Bundesverfassungsgericht hat mit Urteil vom 1. März 1979 zentrale Leitlinien für die Mitbestimmungspolitik formuliert. Von besonderer Bedeutung ist in diesem Rahmen der vom Bundesverfassungsgericht bestätigte Zusammenhang von Mitbestimmung und Eigentum. So wird in diesem Urteil ausdrücklich festgestellt: „. . . Beim Sacheigentum (fallen) die Freiheit zum Eigentumsgebrauch, die Entscheidung über diese und die Zurechnung der Wirkungen des Gebrauchs in der Person des Eigentümers" zusammen, beim „Anteilseigentum" ist diese Konnexität weitgehend gelöst (III 1 b).

Das Anteilseigentum wird in diesem Urteil bestimmt als „in seinem mitgliedschaftsrechtlichen und seinem vermögensrechtlichen Element gesellschaftsrechtlich vermitteltes Eigentum", der Sacheigentümer („Unternehmer-Eigentümer") hingegen wirkt „mit seinem Eigentum unmittelbar" und er trägt „die volle Verantwortung" (vgl. ebd. und III 1 b bb).

Das Kolpingwerk Deutscher Zentralverband begrüßt neben dieser Differenzierung des Eigentumsbegriffs vor allem den darin implizierten Zusammenhang zwischen Mitbestimmung und Eigentum. Der Verband hat bereits wiederholt auf die Konnexität von Mitbestimmung und Eigentum bzw. Vermögensbildung hingewiesen (Erklärungen vom 6. 6. 1970; 8. 10. 1971; 8. 12. 1973; 3. 12. 1977). Dabei wurden seitens des Kolpingwerkes die Vermögensbildung bzw. das Miteigentum des Arbeitnehmers am Betrieb bzw. Unternehmen, bei dem er beschäftigt ist, ausdrücklich als Basis für Mitbestimmung gefordert.

Aus dem — abermals — durch das Bundesverfassungsgerichtsurteil differenzierten und erhärteten Zusammenhang zwischen Mitbestimmung und Miteigentum leitet das Kolpingwerk insbesondere für kleinere Handwerksbetriebe und mittlere Unternehmungen ab:

- In kleineren Handwerksbetrieben und/oder mittleren Unternehmungen trägt der Eigentümer die volle Verantwortung; der Eigentümer wirkt mit seinem Eigentum unmittelbar. Die „paritätische" Mitbestimmung ist konsequent auf solche Betriebe (Unternehmungen) nicht anwendbar.

- Mitbestimmung in kleineren Handwerksbetrieben und/oder mittleren Unternehmungen ist grundsätzlich mit dem Miteigentum der betroffenen Arbeitnehmer gekoppelt und ausschließlich von daher begründbar; einer wie auch immer gearteten mathematischen Mitbestimmungsformel kommt in diesen Betrieben lediglich ein politischer Stellenwert, keinesfalls jedoch eine entsprechend abgesicherte und sachlich begründete Bedeutung zu.

- Unabhängig von diesen Eigentums- und Mitbestimmungsleitlinien ist das Urteil des Bundesverfassungsgerichtes dahingehend zu prüfen, ob und inwieweit für kleinere Handwerksbetriebe und/oder mittlere Unternehmungen Formen der überbetrieblichen Mitbestimmung zusätzlich eröffnet und begründet werden können.

Das Kolpingwerk Deutscher Zentralverband wird sich auf der Basis seines Programms '76 als Bildungs- und Aktionsgemeinschaft und den diesem entsprechenden Mitbestimmungsleitlinien des Bundesverfassungsgerichtes verstärkt um die Begründung der Mitbestimmung in der Vermögensbildung bzw. im Miteigentum bemühen. Die Politiker werden ersucht, die dafür einschlägigen Gesetzesvorlagen zügig zu beraten und zu verabschieden.

Köln, den 10. Mai 1979
gez. Msgr. Heinrich Festing, Generalpräses

3. Stellungnahmen des Kolpingwerkes zu aktuellen vermögensbildungspolitischen Fragen

Stellungnahme des Kolpingwerkes Deutscher Zentralverband zur Verzögerung der Vermögenspolitik durch die Bundesregierung (29. April 1980)

Das Kolpingwerk Deutscher Zentralverband hat in mehreren Erklärungen die Vermögensbildung in Arbeitnehmerhand – auch aus Gründen einer Absicherung der Mitbestimmung – gefordert. In Ziffer 24 des Paderborner Programms heißt es dazu: „Das Kolpingwerk bejaht die paritätische Mitbestimmung durch die jeweils Betroffenen. Mitbestimmung schließt Mitverantwortung ein. Sie wird im hohen Maße gefördert durch die Beteiligung am Produktivvermögen, mit der zugleich ein Schritt zu einer menschengerechteren Vermögensverteilung gemacht wird."

Der Bundeskanzler hat in seiner Regierungserklärung im Jahre 1976 ebenfalls die Ausweitung der Vermögensbildung für die 8. Legislaturperiode versprochen. Um so unverständlicher ist es, wenn jetzt, kurz vor Ablauf der 8. Legislaturperiode dieses Versprechen noch nicht eingelöst ist. Die seitens der Regierung für den Aufschub geltend gemachten Gründe, angefangen von der finanziellen Notlage bis hin zur Afghanistan-Krise, sind nicht einsichtig.

Das Kolpingwerk Deutscher Zentralverband fordert daher:

1. Die Einlösung des vom Bundeskanzler gegebenen Versprechens, die Vermögensbildung zu verbreitern.

2. Die Ausweitung der Vermögensbildung, insbesondere durch Teilhabe der Arbeitnehmer am Produktivvermögen ihrer Betriebe bzw. Unternehmungen.

3. Längerfristige Verbesserungen der wirtschaftlichen Rahmenbedingungen auch durch eine die Vermögensbildung in Arbeitnehmerhand abgesicherte Investitionsfinanzierung.

Die Bundesregierung wird aufgefordert, ihr Versprechen unverzüglich einzulösen und die schon längst fällige Ausweitung der Teilhabe des arbeitenden Menschen am Produktivvermögen zu garantieren und damit einen Beitrag zur Verwirklichung der im Grundgesetz abgesicherten Ordnung menschlichen Zusammenlebens auch in Zukunft zu sichern.

Presseerklärung des Kolpingwerkes Deutscher Zentralverband zu neuen Vermögensbildungsinitiativen aller katholischen Sozialverbände (14. Januar 1982)

In einem KNA-Interview hat der Vorsitzende der CDU-Sozialausschüsse, Senator Dr. Norbert Blüm, in Berufung auf die Enzyklika „Laborem exercens" zu neuen Initiativen in der Vermögensbildungsfrage in Arbeitnehmerhand aufgerufen. Als Bündnispartner für diese Vorschläge wurden von Blüm der BKU und die KAB genannt.

Der BKU-Vorsitzende, Cornelius G. Fetsch, möchte eine solche Initiative auf alle katholischen Sozialverbände ausweiten. In einem KNA-Interview merkt er ausdrücklich dazu an: „Von BKU-Seite aus sind wir der Ansicht, daß man diese Frage innerhalb aller katholischen Sozialverbände, also über BKU und KAB hinaus, gemeinsam angehen sollte . . ."

Das Kolpingwerk Deutscher Zentralverband unterstützt mit Nachdruck diesen Appell zu mehr Gemeinsamkeit für die Vermögensbildung in Arbeitnehmerhand. Der Verband hat im Paderborner Programm (Zr. 24) die Förderung der Beteiligung der Arbeitnehmer am Produktivvermögen als einen Schritt zu einer menschengerechteren Vermögensverteilung bewertet. Zudem hat das Kolpingwerk in zahlreichen Erklärungen, Stellungnahmen und Aktionen verschiedenste konkrete Vorschläge und Modelle zur Vermögensbildung in Arbeitnehmerhand entwickelt und praktisch umgesetzt. Dabei hat das Kolpingwerk immer schon die Reihenfolge beachtet, wie sie in „Laborem exercens" wieder angedeutet wird: das Miteigentum des Arbeitnehmers an Produktionsmitteln ist die Basis für die Mitbestimmung.

Köln, den 14. Januar 1982
gez. Dr. Michael Hanke, Zentralsekretär

Pressemeldung: Elementare Forderungen des Sachverständigenrates werden im Beschäftigungsprogramm und in der Tariflohnpolitik nicht beachtet (9. März 1982)

Das von der Bundesregierung verabschiedete sogenannte Beschäftigungsprogramm und die schon angebrochenen Auseinandersetzungen über die Tarifverträge scheinen zentrale Forderungen und Leitlinien des Jahresgutachtens 1981/82 des Sachverständigenrates zur Begutachtung der gesamtwirtschaftlichen Entwicklung (DR 9/1061) nicht zu beachten. In diesem Gutachten wird u. a. gefordert, daß zur Sicherung der Reallöhne der Arbeitnehmer durch die Tarifpolitik geeignete Vereinbarungen zur Gewinn- und Vermögensbeteiligung breiter Schichten anzustreben sind.

Das Kolpingwerk Deutscher Zentralverband begrüßt mit großem Nachdruck diese und ähnliche Forderungen des Sachverständigenrates. Es verweist wiederum auf die Tatsache, daß die Bemühungen des Verbandes sich mit diesen Aussagen der Sachverständigen dekken: Seit Jahren hat das Kolpingwerk sehr umfangreiche Modelle für Gewinn- und Vermögensbeteiligung der Arbeitnehmer entwickelt und wiederholt diese Forderungen in die politische Diskussion eingebracht.

Um so mehr bedauert der Verband,

- daß das geplante sogenannte Beschäftigungsprogramm der Bundesregierung statt der Vermögensbildung im Interesse der Arbeitnehmer wiederum die Kapitalbildung der Arbeitgeber zu begünstigen scheint,

- daß die Bundesregierung keinerlei gesetzliche Initiative ankündigt, um die aus mehrfacher Hinsicht erforderliche Gewinn- und Vermögensbeteiligung der Arbeitnehmer auf gesetzliche Grundlage zu stellen,

- daß in der Tariflohnpolitik das Instrumentarium der Vermögensbildung in Arbeitnehmerhand abermals kaum Beachtung zu finden scheint.

Das Kolpingwerk Deutscher Zentralverband fordert die Regierung, den Gesetzgeber, vor allem aber die Tarifpartner auf, die Vermögensbildung in Arbeitnehmerhand endlich voranzutreiben und jegliche weitere strukturelle Vermögensverschiebung zu Lasten der Arbeitnehmer sofort zu unterbinden.

Köln, den 9. März 1982
gez. Dr. Paul Hoffacker
Zentralvorsitzender

4. Zusammenfassende Hinweise

1. *Durchgängiger Ansatz dieser Erklärungen ist wiederum die freie Entscheidung, das aktive Mittun des Arbeitnehmers.*

2. *Ziel dieser Erklärungen des Kolpingwerkes sind die Aktivierung des einzelnen, seine freie und verantwortliche Mitgestaltung des Kapitalbereiches.*

3. *Konsequent werden vom Kolpingwerk jene Modell-Vorstellungen der Vermögensbildung abgelehnt, die nur neue Formen von Abhängigkeit und Fremdbestimmung des Arbeitnehmers bedeuten, so z. B. die zentralen Fonds. Diese implizieren die Gefahr*

der Aufhebung der Freiheit des einzelnen, ebenso eine Leugnung der Subsidiarität durch eine von oben verordnete Solidarität.

4. *Ausgehend von dem im Leitbild grundgelegten Ansatz der personalen Würde des einzelnen, ebenso in Verwirklichung der in Programm und Statuten verankerten Ziele des Kolpingwerkes wird abermals die Verbindung von Vermögensbildung und Mitbestimmung gefordert. Nur so kann nach Auffassung des Verbandes auch eine rechtliche, und damit nicht nur politisch willkürlich wieder änderbare Basis der Mitbestimmung des arbeitenden Menschen erreicht werden.*

5. *Neben diesen genannten Ansätzen, Zielen und Leitlinien für Vermögensbildung in Arbeitnehmerhand ist die Teilhabe des arbeitenden Menschen am Produktivkapital auch als Beitrag zur Entkrampfung der historischen Spannung zwischen Arbeit und Kapital einzuordnen und ebenfalls aus diesem Grunde beschleunigt auszubauen. Deshalb ist auch eine (tarifliche oder gesetzliche) Verpflichtung des arbeitenden Menschen zur Vermögensbildung durch Teilhabe am Produktivkapital in den nächsten 10 Jahren zumindest auf den EG-Bereich auszuweiten.*

III. Initiativen und Aktivitäten des Kolpingwerkes im Bereich der Vermögensbildung in Arbeitnehmerhand

1. Am Anfang stand eine Idee . . .

Anmerkungen zum „Volksaktienverein in der Deutschen Kolpingsfamilie"

Als Karl Arnold, der unvergessene Ministerpräsident des Landes Nordrhein-Westfalen, auf dem Hamburger Bundesparteitag der CDU im Jahre 1951 die Idee des Investivlohnes in die gesellschaftspolitische Debatte einführte, dachten viele, das Eis für eigentumspolitische Initiativen sei gebrochen. Aber es kam anders. Befürworter aus dem Lager der Christlich-Sozialen standen dem Block der Wirtschafts-Liberalen machtlos gegenüber. Es bewegte sich nicht viel. Nur langsam und allmählich fanden Ordnungsvorstellungen, fußend auf der katholischen Soziallehre, in der wissenschaftlichen Literatur ihren Niederschlag und wurden gleichfalls Gegenstand politischer Auseinandersetzungen zwischen den Parteien einerseits und den gesellschafts- und wirtschaftsorientierten Verbänden und Gruppen im vorparlamentarischen Raum andererseits. Im Grundsatz war man sich darüber einig, daß Eigentum in einer freiheitlichen Gesellschaft ein wesentliches Ordnungselement ist, aber über den Weg der Verwirklichung dieses Grundsatzes wurde heftig gestritten.

Breite Eigentums- und Vermögensbildung wurden alsbald Programmbestandteile der großen im Deutschen Bundestag vertretenen Parteien. Die Diskussion konzentrierte sich darauf, daß auch die großzügigste Sparförderung und ein eiserner Sparwille der Bevölkerung nicht ausreichen, um zu einer gerechteren Vermögensverteilung zu gelangen. Dieses Ziel könne nur erreicht werden, wenn z. B. die Arbeitnehmer direkt und indirekt am Substanzzuwachs und damit am Vermögenszuwachs der Unternehmen beteiligt würden. Die Vermögenspolitik sollte mit dem Ziel vorangetrieben werden, die von Unternehmungsleitung und Arbeitnehmern gemeinsam erwirtschafteten Erträge weder über die Gewinne noch über die Gehälter und Löhne auszuschütten, sondern sie zur Mitfinanzierung der Investitionen herauszuziehen und damit nicht, wie bisher der Kapitalseite allein, sondern zukünftig auch der Arbeitnehmerseite zugute kommen zu lassen. Gleichmäßigere Vermögensverteilung war also das Ziel. Alle Schichten sollten in zunehmendem Maße am Produktionskapital beteiligt werden.

Das Wachstum der Wirtschaft bedarf, so wurde argumentiert, einer hohen Investitionsrate, die nur durch eine ausreichende Kapitalbildung gesichert werden kann; die Eigentumspolitik hat breiten Schichten zu ermöglichen, an dieser Kapitalbildung mitzuwirken und sich darüber hinaus direkt und indirekt am privaten und öffentlichen Vermögen zu beteiligen; die Kapitalbeteiligung

— vergrößert die Chance für ein stetiges Wachstum, erleichtert die geldwertneutrale Finanzierung privater und öffentlicher Investitionen und wirkt somit stabilisierend;

— fördert den Einblick in wirtschaftliche Zusammenhänge und stärkt die Bereitschaft, die wirtschaftliche Leistungsfähigkeit zu erhöhen.

Von den Auswirkungen einer Beteiligung der Arbeitnehmer am Vermögenszuwachs ist ein positiver Beitrag zu dem Verhältnis Unternehmer/Arbeitnehmer zu erwarten.

Vor dem Hintergrund solcher Überlegungen wurde im Jahre 1957 von der CDU/CSU-Fraktion im Deutschen Bundestag der Antrag auf Teilprivatisierung des

Erwerbsvermögens des Bundes eingebracht. Bereits im Jahre 1959 wurde die Preussag teilprivatisiert. Es war ein Experiment, das zunächst von vielen in der Politik und Öffentlichkeit sowie in der Wirtschaft nicht ernst genommen wurde. Man behauptete u. a., in breiten Schichten der Bevölkerung sei gar kein Interesse vorhanden, Aktien der privatisierten Unternehmen zu erwerben. Die Skeptiker sahen sich getäuscht: Über 216 000 Bürger zeichneten die Preussag-Aktien; bei der Teilprivatisierung des VW-Werkes im Jahre 1961 waren es 1,5 Millionen Bürger und die VEBA bekam 1965 2,6 Millionen neue Aktionäre.

Die Gewerkschaften kritisierten damals die Privatisierungspläne der Bundesregierung scharf. Sie sprachen von einer Verschleuderung des Volksvermögens und merkten kritisch an, daß mit der Privatisierung sich an der einseitigen privaten Vermögensbildung in den großen Kapitalgesellschaften nichts ändern werde.

Die Verfechter des Privatisierungsgedankens hatten andere Vorstellungen. Bei der Aussprache über die Regierungserklärung 1965 fand der Vorsitzende der CDU/CSU-Bundestagsfraktion, Dr. Barzel, folgende Formulierung:

„Nun stehen wir vor dem Punkt, wo einem der Vorrang gebührt: Erweiterungen der Mitbestimmung aus Gesetz oder Erweiterungen der Mitbestimmung aus Miteigentum. Wir geben dem letzteren den Vorrang."

Mit dieser Formel wurde der breiten Eigentumsbildung gegenüber der erweiterten Mitbestimmung der Vorzug gegeben, obwohl namhafte Vertreter der katholischen Soziallehre die Ordnungsfaktoren „Mitbestimmung" und breite „Eigentumsbildung" nicht gegeneinander ausgespielt sehen wollten, sondern als gleichberechtigte und politisch durchsetzbare Forderung ansahen.

Aber als die Bundesregierung die Preussag, das Volkswagenwerk und die VEBA privatisierte, ging es ihr nicht darum, der „Mitbestimmung" ein für allemal abzuschwören. Sie wollte vielmehr breiten Arbeitnehmerschichten die Möglichkeit geben, zu günstigen Bedingungen Eigentum an großen und soliden Industrieunternehmungen zu erwerben.

Diese Politik fand insbesondere von den christlich-sozialen Verbänden und Organisationen im vorparlamentarischen Raum große Unterstützung.

Die Kolpingsfamilie hat diese Privatisierungspolitik von Anfang an unterstützt. Sie hat in ihrem Schrifttum dieser Form der Eigentumsbildung den Weg geebnet und sie pädagogisch vorbereitet. So konnte die Kolpingsfamilie davon ausgehen, daß bei der Privatisierung des VW-Werkes viele ihrer Mitglieder VW-Aktien erwerben würden. Nun ging es darum, die Stimmrechtsvertretung zu übernehmen und soweit wie möglich die Mitglieder der Kolpingsfamilie zu beraten und auch auf den Hauptversammlungen der Unternehmen zu vertreten.

Allein die Tatsache, daß eine Aktie nicht nur ein dividenden-berechtigtes Papier ist, sondern auch Mitbestimmungsrecht verleiht, veranlaßte nun die Deutsche Kolpingsfamilie am 11. April 1961 in Köln einen „Volksaktienverein in der Deutschen Kolpingsfamilie" zu gründen.

Die Aufgaben dieses Volksaktienvereins wurden in der Gründungsversammlung wie folgt beschrieben:

a) für den Volksaktien-Gedanken zu werben,

b) den Aufbau einer gerechten Eigentumsordnung nach christlich-sozialen Vorstellungen zu fördern,

c) zum Erwerb von und zur Vermögensbildung auf breiter Grundlage anzuregen,

d) den Mitgliedern mit Rat und Tat zur Seite zu stehen und ihre Interessen auf den Hauptversammlungen der Aktiengesellschaften zu vertreten.

Zur Mitgliedschaft im Volksaktienverein wurde folgendes formuliert:

„Der Volksaktienverein ist bemüht, mit seinen Aktionären einen ständigen Gedankenaustausch zu pflegen. Er bedient sich eines Informationsdienstes, der in periodischen Abständen erscheint. Insbesondere gibt er wichtige Hinweise für die Abwicklung von Hauptversammlungen der Aktiengesellschaften. Für die Mitgliedschaft und für die Ausübung der Stimmrechte auf den Hauptversammlungen wird kein Beitrag erhoben.

Mitglieder des Volksaktienvereins können auch Nichtmitglieder der Kolpingsfamilie sein."

Schon in der Gründungsversammlung wurde darauf hingewiesen, daß die Volksaktienbewegung einer Pionierarbeit gleichzusetzen sei, die nur langsam vorankomme.

Sie wollte dem Aktionär, der sich nur selten im Dickicht der Politik der Kreditinstitute einerseits und der Aktiengesellschaften andererseits zurechtfindet, helfen. Ein unumstößliches Gesetz stand Pate: Wer allein steht, zählt nicht, erst in der Gemeinschaft ist er stark.

Deshalb wollte der Volksaktienverein in der Deutschen Kolpingsfamilie alle Kleinaktionäre ansprechen und ermuntern, die Mitgliedschaft zu erwerben, damit er ihre Interessen auf allen Gebieten der Wertpapierpolitik selbständig vertreten konnte.

In den Organen der Deutschen Kolpingsfamilie, im KOLPINGBLATT, im „Spiegel der Gewerke" und in „Erbe und Aufgabe", wurden in einem Aufruf zur Gründung des Volksaktienvereins die potentiellen Aktienkäufer aufgefordert, ihre Stimmrechtsvertretung für die zweite Hauptversammlung des privatisierten Volkswagenwerkes auf den Volksaktienverein der Deutschen Kolpingsfamilie zu übertragen. Trotz der mehrfach wiederholten Aufforderungen durch schriftliche Mitteilungen des Kolpingwerkes blieb die Resonanz bescheiden, denn die Aktienkäufer waren wohl auch schockiert von der ersten VW-Hauptversammlung in Wolfsburg. Es hatte sich dort gezeigt, daß von einem wirklichen Stimmrecht der Volksaktionäre nicht die Rede sein konnte. Rund 7000 Aktionäre hielten bis zu 8 Stunden in drückender Hitze in der Werkshalle aus, um bei den Abstimmungen mit 2 Prozent ihrer Stimmen gegen 98% Stimmen in den Händen weniger Bevollmächtiger hoffnungslos zu unterliegen. Der Vorsitzende des Wolfsburger Volksaktienvereins, Dr. Geissler, hatte damals dazu treffend folgendes gesagt: „Wir lieben hier an der Zonengrenze keine 98%igen Mehrheiten, die kennen wir nur von drüben. Wenn kein Weg gefunden wird, die Machtzusammenballungen der Wirtschaft zu demokratisieren, ist das Volksaktienprogramm und damit die wahrscheinlich einzige aussichtsreiche Konzeption, dem Bolschewismus in seiner geistigen Offensive entgegenzutreten, zum Scheitern verurteilt."

Dabei war das Schauspiel von Wolfsburg nicht einmal das erste dieser Art. Zwei Jahre zuvor hatte sich das gleiche in der Preussag-Hauptversammlung abgespielt. Diese beiden Ereignisse führten zusätzlich zu der Erkenntnis, daß das Aktiengesetz einer Novellierung unterzogen werden mußte, denn das VW- Privatisierungsgesetz enthielt schwerwiegende Vorschriften über die Vollmachtserteilung, die in der Tat auf die Dauer das Gegenteil von dem bewirkten, was eigentlich gewollt war.

Es zeigte sich auch bald, daß die bestehenden Volksaktien-Vereinigungen, auf sich allein gestellt, nicht viel bewegen konnten. Man entschloß sich daher, unter maßgeblicher Beteiligung der Kolpingsfamilie, die Gründung einer Bundesarbeitsgemeinschaft der Volksaktienvereine in die Wege zu leiten. Diese Bundesarbeitsgemeinschaft der Volksaktienvereine , deren Vorsitz 1965 der Vertreter der Volksaktienvereinigung in der Kolpingsfamilie bekam, hat dann nicht ohne Erfolg die Diskussion durch persönliche Gespräche und öffentliche Stellungnahmen, die Gesetzplanungsberatungen beeinflußt und somit die Rechtsstellung der einzelnen Aktionäre im neuen Aktiengesetz wesentlich beeinflußt. So haben sich z. B. der Wirtschaftsausschuß und der

Rechtsausschuß des Deutschen Bundestages während der Beratungen des Regierungsentwurfes für ein neues Aktiengesetz dafür ausgesprochen, in den allgemeinen Vorschriften für die Durchführung von Hauptversammlungen der Aktiengesellschaften die *Vereinigungen von Aktionären* den Kreditinstituten gleichzustellen. Dieses Votum übernahm der Gesetzgeber, so daß mit Inkrafttreten des Aktiengesetzes am 6. September 1965 eine neue Rechtslage geschaffen wurde, die die Aktionärsvereinigungen in den Stand versetzten, unter erleichterten Bedingungen ihre Arbeit fortzusetzen.

Immerhin gelang es, in den Aufsichtsräten des VW-Konzern's und des VEBA-Konzern's Vertreter von Volksaktienvereinigungen zu entsenden, jedoch nicht ohne Hilfe des Bundes, der in beiden Kapitalgesellschaften über ca. 20 Prozent des Aktienkapitals verfügte.

Als 1976 der Bundesgesetzgeber die Regelungen des Montan-Mitbestimmungsgesetzes von 1951 über die paritätische Besetzung des Aufsichtsrates von Anteilseignern und Arbeitnehmervertretern auf alle großen Kapitalgesellschaften übertrug, ging dies zu Lasten der Anteilseigner, die bisher zu ⅔ dem Aufsichtsrat angehörten und nun einige Plätze räumen mußten. In erster Linie waren davon die Vertreter der Volksaktienvereinigungen und kleineren Kreditinstitute betroffen. Die Großbanken behielten ihr Mandat.

Parallel zu dieser Entwicklung versagten sich die Kleinaktienbesitzer der Solidarität untereinander, so daß die Volksaktienvereinigungen auf den Hauptversammlungen der Aktiengesellschaften immer mehr an Gewicht einbüßten.

Dafür gibt es mehrere Gründe:

— Die Eigentumsbildung über das sog. Aktiensparen, verbunden mit der Einflußnahme auf die Geschäftspolitik der Unternehmungen, hat bisher in der Bundesrepublik Deutschland keinen großen „Markt".

- In den Jahren zwischen 1970 und 1975 ist die Bereitschaft der Kleinaktionäre, sich über die Aktienvereine vertreten zu lassen, auch deshalb spürbar zurückgegangen, weil viele potentielle Kleinaktionäre sich von ihrem Aktien-Wertpapier-Besitz getrennt haben und auf andere Eigentumsmittel „umgestiegen" sind bzw. ihr Kreditinstitut aus Gründen der Bequemlichkeit mit der Ausübung der Stimmrechtsvertretung beauftragten.

- Damit ist es den Volksaktienvereinigungen verwehrt, die Stimmrechte der Aktionäre zu bündeln und somit wirksam zur Geltung zu bringen.

- Die Volksaktionärsvereine haben vor Jahren den Versuch gemacht, sich in einer Arbeitsgemeinschaft zusammenzuschließen, um damit das Gewicht ihrer Stimmen zu verstärken. Dieser Versuch ist in den Anfängen steckengeblieben, wohl auch deshalb, weil hier zu unterschiedliche Interessen unter einem Dach gesammelt werden sollten.

- Die Erfahrung lehrt, daß die Vertretung von Kleinaktionären nur dann optimal zu leisten ist, wenn eine ausreichende Zahl von Personen mit betriebs- und wirtschaftpolitischem Sachverstand sich dieser Arbeit annehmen, ein Mindestmaß an organisatorischer Infrastruktur vorhanden ist und zumindest eine Person (Referent) die Gesamtarbeit professionell betreibt.

Diese Tatsachen haben dazu geführt, daß die Arbeit der Vereinigungen praktisch zum Erliegen gekommen ist. Wenn die vorgenannten Schwierigkeiten abgebaut werden könnten, wäre der Weg für einen neuen Anfang frei.

2. Kolping-Zuschußkasse Schwäbisch Gmünd — ein neues Modell für Vermögensbildung

Die in Kolpings Gesellenverein schon früh eingerichteten Kassen verschiedener Art, wie Sparkassen, Krankenkassen u. a., — letztlich Selbsthilfemaßnahmen der Betroffenen zur Milderung bzw. Meisterung verschiedener Notsituationen — haben auch nach Einführung der gesetzlichen Versicherungspflicht zum Teil ihre Tätigkeit auf ähnliche oder andere Weise fortgesetzt. Dies war möglich, weil weder damals noch heute das soziale Netz alle tatsächlichen und/oder möglichen Notfälle erfassen konnte und sicherlich auch gar nicht wollte. In solche, teils alten, teils neuen, sozialen Leerräume hinein entwickelten sich bestehende Selbsthilfe-Einrichtungen oder in und für solche Situationen entstanden gar neue „Kassen".

Die Kolping-Zuschußkasse Schwäbisch Gmünd VVAG (Versicherungsverein auf Gegenseitigkeit), gegründet 1893, ist ein Beispiel dafür, daß neben dem gesetzlich geflochtenen sozialen Netz noch zusätzliche freiwillige Selbsthilfe-Einrichtungen von Bedeutung sind.

Die KZK (Kolping-Zuschußkasse) Schwäbisch Gmünd gewährt ihren Mitgliedern, die monatlich einen Beitrag von 5,— DM zu leisten haben, bei Krankheit ein Krankentagegeld in der Höhe von DM 6,— und beim Tode ein Sterbegeld in der Höhe von DM 100,—. Überdies erhalten weibliche Mitglieder bei einer Entbindung einen einmaligen Zuschuß von 150,— DM (§§ 3—5 der Satzung der KZK Schwäbisch Gmünd vom 1. 1. 1973).

In die KZK, die ein kleinerer Versicherungsverein im Sinne von § 53 des Versicherungsaufsichtsgesetzes ist, können aufgenommen werden alle Personen, die das 14. Lebensjahr vollendet und das 45. Lebensjahr noch nicht überschritten haben (§ 2 ebd.). Von den acht Vorstandsmitgliedern müssen mindestens 5 Mitglieder des Kolpingwerkes sein.

Die Kolping-Zuschußkasse arbeitet nach dem Prinzip der Selbstverwaltung. Der Mitgliederversammlung und dem Vorstand kommen alle relevanten Entscheidungsbefugnisse zu.

Aus den jährlichen Geschäftsberichten ergibt sich zudem, daß neben dem offenkundig willkommenen Zuschußeffekt in den oben schon erwähnten (sozialen) Notfällen ebenfalls – sozusagen als Nebenwirkung – ein Beitrag zur Vermögensbildung der Mitglieder eingeschlossen ist. Ohne Zweifel, diese Koppelung von Zuschüssen und Vermögensbildung ist eine ganz neue Art zur Meisterung sozialer Aufgaben heute und morgen!

3. Das „Pieroth-Modell" — ein Beispiel für betriebliche Vermögensbildung

Elmar Pieroth, derzeit Senator für Wirtschaft in Berlin und langjähriges Mitglied des Kolpingwerkes, wird als Initiator des nach der alteingesessenen Weinfirma Pieroth in Burglayen benannten Modells für betriebliche Mitarbeiterbeteiligung sowohl in Quellen wie in Literatur bezeichnet. Dieses Modell wurde 1967 eingeführt, um einen praktischen Beitrag zur Verbesserung der Vermögensbeteiligung zu leisten, um Mitbestimmung über die gesetzlichen Vorschriften hinaus zu praktizieren und um einen vermögenspolitischen Anstoß zu geben.

In einer von der Firma selbst herausgegebenen Information über das „Unternehmen Pieroth" (4. Auflage 1985) werden auf Seite 30 drei Säulen für die Gewinn- und Kapitalbeteiligung des Pieroth-Modells genannt, und zwar:

„1. Die Beteiligung der Mitarbeiter am Betriebsergebnis aufgrund der Mitarbeit. In der Betriebsvereinbarung heißt es dazu: Der Betriebserfolg ist das Ergebnis des Zusammenwirkens von Kapital und Arbeit. Deshalb sollen auch die Mitarbeiter am Gewinn beteiligt werden.

2. Die Vermögensbildung. In der Betriebsvereinbarung steht: Die Gewinnbeteiligung soll zur Ansammlung von Vermögen in den Händen der Mitarbeiter beitragen. Die Gewinnanteile werden deshalb nicht sofort bar ausgeschüttet, sondern verbleiben als Darlehen in der Firma und können nach fünf Jahren in Kapitalanteile (stille Beteiligung) umgewandelt werden.

3. Die Mitbestimmung. Auch dazu die Betriebsvereinbarung: Die Mitarbeiter haben Anspruch auf Mitbestimmung aufgrund ihrer Mitarbeit. Darüber hin-

aus haben die Mitarbeiter in der Firma aufgrund der Gewinn- und Kapitalbeteiligung weitere Mitspracherechte.

Bei Pieroth sind alle Mitarbeiter, die länger als ein volles Kalenderjahr im Unternehmen tätig sind, am Gewinn beteiligt. Basis ist der Bilanzgewinn, um Korrekturfaktoren bereinigt (Eigenkapitalverzinsung, Risikoprämie). Dieser Gewinn fließt zu jeweils 50 Prozent den Faktoren Kapital und Arbeit zu. Die Mitarbeiter-Gewinnanteile werden im Rahmen der Kapitalbeteiligung zunächst als Darlehen in der Firma festgelegt und verzinst. Nach fünf Beteiligungsjahren kann ein Mitarbeiter mit seinem Anteil in ein Gesellschaftsrechtliches Verhältnis zum Unternehmen eintreten: Er kann stiller Gesellschafter werden."

Als ergänzende Hinweise zum Verständnis des Modells sind die Bestimmungen der Paragraphen 17 und 18 der „Grundvereinbarung" für das Pieroth-Modell ebenfalls von Bedeutung, denn § 17 schließt den beteiligten Mitarbeiter vom Verlust der Firma aus und § 18 enthält Details über die „Beendigung der Kapitalbeteiligung".

Da heißt es: „Während der Dauer des Arbeitsverhältnisses kann die stille Gesellschaft erstmals wegen Erreichen der betrieblichen Altersgrenze vom Mitarbeiter gekündigt werden.

Die stille Gesellschaft endet beim Tod des Mitarbeiters mit Ende des Monats, in dem der stille Gesellschafter gestorben ist.

In allen anderen Fällen schließt die Kündigung des Arbeitsverhältnisses mit der Firma oder mit einer anderen Gesellschaft der Pieroth-Gruppe die Kündigung der mit der Firma bestehenden stillen Gesellschaft zum Ende des Monats ein, in dem das Arbeitsverhältnis endet.

Der ausscheidende Kapitalbeteiligte hat Anspruch auf eine Abfindung in Höhe des Nominal-Wertes seiner Einlage."

Trotz der bundesweiten Beachtung des Pieroth Vermögensbildungs-Modells war auch dieser Initiative für betriebliche Vermögensbildung eine Verknüpfung mit der staatlichen Förderung versperrt. Die Gesetze ließen dies nicht zu.

Erst das neue Vermögensbildungsgesetz, das ab 1. 1. 1984 in Kraft getreten ist, eröffnet erstmalig diese Möglichkeit einer Verknüpfung; es wird nun verstärkt die Anlage der Arbeitnehmergelder in den Betrieben (Produktivkapital) gefördert. Für das Pieroth-Modell ergibt sich konsequent sogar eine Doppelförderung der betrieblichen Vermögensbildung, nämlich die „staatliche" und „firmen" — Förderung: Nach dem Gesetz werden nämlich die Anlagen im Produktivkapital bis zu einer Gesamthöhe von 936,00 DM gefördert; zusätzlich ist die Arbeitnehmer-Sparzulage mit 32 Prozent höher als die für Lebensversicherungen und für Kontensparen.

Das neue Vermögensbildungsgesetz sieht auch vor, daß die bisher nach dem Pieroth-Modell praktizierte Anlageform der typischen stillen Beteiligung förderungswürdig ist. Formale Voraussetzung für die Förderung ist jedoch, daß der einzelne Arbeitnehmer sich frei entscheidet, wo er seinen Anteil anlegt.

Der Staat zahlt aber nicht nur Arbeitnehmer-Sparzulage, sondern er fördert noch ein zweites Mal: durch das Einkommen-Steuergesetz. Wenn die Firma einen zusätzlichen Vorteil für die Anlage im eigenen Betrieb gewährt, ist dieser Vorteil bis zu 300,00 DM steuerfrei. Diese Steuerbefreiung war für die Firma Pieroth der Anlaß, für die Anlage in der Firma eine Pieroth-Anlage-Prämie in Höhe von 300,00 DM pro Kopf (also für alle gleich) zu gewähren.

Zahlen zeigen den Erfolg

Bereits obig genannten neue Möglichkeiten der betrieblichen Vermögensbildung durch das neue Vermögensbildungsgesetz hat das Pieroth-Modell eindeutig Erfolge aufzuweisen. Diese können wie folgt zusammengefaßt werden:

„1. Allein in der Bundesrepublik waren Ende 1981 bereits 1297 Mitarbeiter am Gewinn des Unternehmens beteiligt.

2. Der Gesamt-Beteiligungsbetrag betrug 1983 insgesamt 730 000 DM.

3. Ein durchschnittlich verdienender Mitarbeiter, der von Anfang an dabei war, hatte 1984 etwa 25 000,00 DM netto als Darlehen und stille Beteiligung im Unternehmen stehen. Aus diesem Kapitalanteil hatte er im letzten Jahr einen ‚Barertrag' in Form von Zinsen für Darlehen und Gewinnanteile für stille Beteiligungen in Höhe von etwa 2200 DM. Praktisch also ein ‚14. Monatsgehalt' aufgrund von Kapitalbesitz.

4. Insgesamt flossen Mitarbeitern seit Bestehen des Pieroth-Modells mehr als 22 Mio. Mark als Gewinnbeteiligung zu."

(Das Unternehmen Pieroth, a. a. O., Seite 30, erste Spalte)

Zusammenfassende Würdigung

Die wichtigsten Gegebenheiten, Erfolge und Perspektiven des Pieroth-Modells können in folgenden Punkten zusammengefaßt werden:

1. Die Initiative eines sozialengagierten Einzelnen, diesfalls eines Mitglieds des Kolpingwerkes, wurde allseits beachtet und verschiedentlich nachgeahmt. Der Gesetzgeber hat erst verhältnismäßig spät dieses Vermögensbildungsmodell durch entsprechende Maßnahmen ergänzt.

2. Die Forderung des Kolpingwerkes, Vermögensbildung und Mitbestimmung miteinander zu verknüpfen, ist in diesem Modell exemplarisch gelöst: Mitbestimmen, Mitbestimmung wird begründet in Mitarbeit und zusätzlich in der Gewinn- und Kapitalbeteiligung.

3. Das Pieroth Modell ist ein Beitrag zur Überwindung des historisch überkommenen und überholten Gegensatzes von Kapital und Arbeit. Der Arbeitnehmer wird zum Mitarbeiter, Mitarbeit bedeutet schon vom Worte her nicht „Gegen"-, sondern Mitarbeit, und dies mit Menschen und mit Sachen. Dieses neue Verhältnis verdeutlicht eine positive Grundstimmung zwischen Betrieb und Mitarbeiter, letztlich zwischen Kapitaleigner und Arbeitnehmer: jeder arbeitet mit, jeder ist ein „rechtschaffender Beständer", der „das Guth wohl bebaut, gute und ordentliche Haushaltung führet und seinen Pacht richtig liefet." (Vgl. das Unternehmen Pieroth, a. a. O., Seite 5)

4. Durch Selbsthilfeaktivitäten zum Wohneigentum

Wohneigentum — eine beliebte Form der Vermögensbildung

Die Sehnsucht nach einem eigenen Haus, einer Eigentumswohnung steht für viele Bürger auch heute noch an der Spitze ihrer Wunschliste, wenn es um Fragen der Vermögensbildung in Arbeitnehmerhand geht. Gerade ein eigenes Haus oder eine eigene Wohnung lassen dem einzelnen Bürger am ehesten die Vorteile eines eigenen Vermögens deutlich werden, da ihm diese Vermögensform sehr leicht die Einsicht vermittelt, daß Privatvermögen mit die beste Garantie für die persönliche Freiheit des Bürgers ist. Hinzu kommt, daß diese Sparform, diese Form des Vermögensbesitzes nur ein geringes Risiko in sich birgt und sich auch daher besonders für eine Vermögensbildung in Arbeitnehmerhand eignet.

Der Staat hat den Wünschen der Bürger in Form der Bausparförderung in einem hohen Maße Rechnung getragen. Wenn man sich heute aktuelle Statistiken ansieht, dann wird man feststellen können, daß ein immer höherer Prozentsatz der Bevölkerung und auch der Arbeitnehmerhaushalte über eigenen Haus- und Grundbesitz verfügen.

Die Kolpingsfamilien haben in großem Umfang Themen der Bausparförderung, der Information über staatliche Zuschußmöglichkeiten für den Erwerb von Haus- und Grundbesitz mit in das Bildungsprogramm ihrer Kolpingsfamilie aufgenommen und so viele Mitglieder angeregt und unterstützt bei der Realisierung ihrer Wünsche im Hinblick auf ein eigenes Haus, auf eine Eigentumswohnung.

Ansatzpunkt für das starke Engagement der Kolpingsfamilien in dieser Frage war nicht allein der Wunsch, Vermögensbildung in Arbeitnehmerhand zu fördern.

Den Kolpingsfamilien ging es vielmehr auch darum, den Familien einen angemessenen Lebensraum zur Verfügung zu stellen. Sehr deutlich wird dies z. B. in der Festschrift aus Anlaß des 25jährigen Jubiläums der Baugenossenschaft Kolping Zürich. Dort schreibt Präses Friedrich Loretz in seinem Schlußwort: „,Das Familienglück hängt nicht von Rang und Stand, von Reichtum und Bildung ab, sondern läßt sich gleichmäßig in der Hütte des Bettlers wie im königlichen Palast nieder. In dem Höchsten und Edelsten des menschlichen Lebens hat Gott der Herr die Menschen so ziemlich gleich gestellt. In der Familie daheim sprudelt der Quell der besten Liebe, auf dieser Welt, ungetrübt.' (Adolph Kolping). Ja, Familie und Eigenheim war Kolpings großes Herzensanliegen. Wie sorgte er sich um die Gesellen, die der Straße und Gaststätte überwiesen blieben, ohne Heim, ohne Familie. Wir fühlen es deshalb, weil Kolping — sei es in Wort oder Schrift — immer wieder das Glück der christlichen Familie pries, wie sein Herz brannte. Es glühte in ihm bei den Worten: „Seine Familie glücklich machen, ist für jeden Menschen die wichtigste, die erreichbarste und segensreichste Aufgabe.'"

Staatliche Förderung reicht nicht aus

Wenn auch viele Bauwillige aufgrund von Bausparförderung, staatlichen Zuschüssen, Steuerbegünstigungen usw. in der Lage waren, ein eigenes Haus zu bauen, so eröffnete dies aber doch einer großen Zahl von Arbeitnehmern immer noch keine Chance, Wohneigentum zu erwerben. Für viele waren trotz Zuschüsse, trotz Vergünstigungen die aufzubringenden Mittel immer noch zu hoch.

Für viele Kolpingsfamilien in Europa war diese Situation ein Grund, sich auf ihren Ursprung zu besinnen und zu überlegen, wie durch Selbsthilfebewegungen dieses soziale Problem gelöst und wie durch Selbsthilfegruppen innerhalb der Kolpingsfamilien sowohl ein Beitrag zur Vermögensbildung in Arbeitnehmerhand als auch zu familiengerechtem Wohnraum geleistet werden könnte.

Aufgrund der unterschiedlichen Situation und der unterschiedlichen Voraussetzungen wurden dabei unterschiedliche Lösungswege eingeschlagen, die durch einige Beispiele im folgenden kurz vorgestellt werden sollen:

1. Siedlungsgemeinschaften

Die größte Verbreitung und größte Ausstrahlung haben die Siedlungsgemeinschaften innerhalb der Kolpingsfamilie gehabt. Ziel und Aufgaben einer Siedlungsgemeinschaft sind sehr treffend umschrieben in der Satzung der Siedlergemeinschaft Heiligenhaus. Dort heißt es in § 2:

„Die Gemeinschaft will im Sinne Adolph Kolpings die katholische Soziallehre und die wirtschaftliche Sicherheit der christlichen Familie sowie die Entfaltung der christlichen Persönlichkeit durch Eigentumsbildung unterstützen. Um diesen Zweck zu erreichen, stellt sie sich folgende Aufgaben:

a) Die Beratung und Unterstützung der bauwilligen Mitglieder, die sich die Errichtung bzw. (bei einem Bauträger) den Ersterwerb eines Familienheimes zum Ziel gesetzt haben.

b) Die Beschaffung von Bauland aus Kirchen-, Privat- oder Behördenbesitz, das im Wege des Erbbaurechtes oder im Eigentum zur Verfügung gestellt werden soll zwecks Errichtung von Wohnraum bzw. um den Ersterwerb eines Familienheimes von einem Bauträger zu ermöglichen.

c) Die Erschließung der zur Durchführung dieser Maßnahmen erforderlichen Grundstücksflächen, entweder unmittelbar oder durch einen Bauträger.

d) Nach Abschluß der Baumaßnahmen die Verwaltung und Unterhaltung von Gemeinschaftsanlagen, wie z. B. Grünanlagen, Kinderspielplatz.

e) Die Pflege des Gemeinschaftslebens durch entsprechende Verantstaltungen und Zusammenkünfte."

Diese Zielsetzung gilt in ähnlicher Form für fast alle Siedlungs- bzw. Siedlergemeinschaften. Ausgangspunkt für alle diese Initiativen waren − gerade nach dem Ende des Zweiten Weltkriegs − die beengten Wohnverhältnisse und die Initiative eines oder einiger weniger Personen in den verschiedenen Kolpingsfamilien.

Die Mitgliedschaft in einer Siedlungsgemeinschaft hat für die Mitglieder mehrere Vorteile:

a) Vermindertes Architektenhonorar
   Alle Häuser sind in der Regel in der gleichen Weise gestaltet und konzipiert, so daß für die Erstellung der Bauzeichnungen, der statischen Berechnungen usw. die Kosten sich pro Haus nur auf einen bestimmten Anteil erstrecken.

b) Gemeinsamer Einkauf der Materialien
   Da alle Häuser im Rahmen einer solchen Siedlergemeinschaft fast gleichzeitig gebaut werden, kann durch Großeinkauf der Materialien ein besonders günstiger Preis erzielt werden.

c) Nachbarschaftshilfe
   Die größte Einsparung beim Bau der Häuser ist durch eine aktive Nachbarschaftshilfe möglich.

Gerade die Nachbarschaftshilfe ist − bei allen Vorteilen − aber nicht ohne Probleme und gerade bei der Nachbarschaftshilfe muß es sich erweisen, ob die Siedlungsgemeinschaft ein reiner Zweckverband zum günstigeren Einkauf von Baumaterialien ist oder eine Gemeinschaft.

Beispielhaft, wenn auch wohl nicht die Regel, ist die Nachbarschaftshilfe in der Siedlungsgemeinschaft Hilden gelöst worden. Die Mitglieder dieser Siedlungsgemeinschaft hatten im Rahmen der Baumaßnahmen zwischen 2000 und 700 Stunden freiwillige Nachbar-

schaftshilfe geleistet. Über jede geleistete Arbeits-
stunde war vom Vorsitzenden der Siedlungsgemeinschaft genau Buch geführt worden. Als es nach
Abschluß der Baumaßnahmen nun darum ging, diese
unterschiedliche Arbeitsleistung bei der Endabrech-
nung zu berücksichtigen, wurde nach den Gründen für
die unterschiedliche Arbeitsleistung gefragt. Dabei
stellte sich heraus, daß einige weniger Arbeitsleistung
erbracht hatten bedingt durch Alter, Krankheit oder
Schichtarbeit. Die Mitgliederversammlung beschloß
daraufhin, die unterschiedliche Arbeitsleistung nicht
unterschiedlich zu bewerten, d. h. derjenige, der nur
700 Std. Arbeitsleistung in die Siedlungsgemeinschaft
eingebracht hatte, erhielt sein Haus zum gleichen Preis
wie derjenige, der 2000 Std. Arbeitsleistung erbracht
hatte. Eine solche Lösung ist nur möglich, wenn zwischen den Siedlern ein enges Vertrauensverhältnis
besteht. Die Siedlergemeinschaft Hilden konnte daher
mit Recht eine Urkunde bei der Grundsteinlegung mit
einmauern, in der es heißt: „Die Siedlungsgemeinschaft gelobt, daß sie wie eine große Familie einer an
der Last des andern tragen hilft, ihre Kinder in diesem
Geiste formt, als Ausgleich gegen die materialistischen
Strömungen dieser Zeit."

Die Siedlungsgemeinschaft Hilden konnte kurz nach
Einzug in ihre eigenen Häuser noch einmal ihren
Gemeinschaftsgeist unter Beweis stellen. Als der Vater
einer Siedlerfamilie mit drei noch schulpflichtigen Kin-
ders starb, richtete die Siedlergemeinschaft eine
Sozialkasse ein, die von allen Siedlern getragen wurde
und die die Abzahlung der Hypotheken für die durch
Tod getroffene Siedlerfamilie übernahm.

Die Kolpingsfamilien, aus denen die Siedlergemeinschaften hervorgingen, haben in unterschiedlicher
Weise die Aktivitäten der Siedler unterstützt. Sei es,
daß auch Mitglieder der Kolpingsfamilie, die nicht zur
Siedlungsgemeinschaft gehörten, zur Nachbarschaftshilfe bereit waren oder sei es, daß die Kolpingsfamilie
ein begleitendes Bildungsprogramm angeboten hat.

Die Palette der Bildungsangebote war dabei weit gespannt; sie reichte von Vorträgen und Seminaren über Siedlungsfragen, Finanzierungsfragen, Erbrecht, Mietrecht usw. bis hin zu Vorträgen über Gartenbau, Obstbaupflege usw.

Einige Siedlergemeinschaften haben in ihren Satzungen festgelegt, daß die Gemeinschaft nicht mit Fertigstellung der Siedlung erlischt. So heißt es in § 9,1 der Siedlungsgemeinschaft Hilden: „Der Verein erlischt nicht mit der Fertigstellung der Siedlung, da er über technische Arbeiten hinaus das religiöse und sittliche Leben der Siedler pflegen will."

In einigen Siedlungsgemeinschaften übrnimmt die fortbestehende Gemeinschaft auch die Verantwortung für die Pflege und Erhaltung von Gemeinschaftseinrichtungen, wie Spielplätze, Ruhebänke usw.

Die Form der Selbsthilfe durch Siedlergemeinschaften, die zunächst nach dem Zweiten Weltkrieg einen ersten Höhepunkt erlebte, könnte in Zeiten steigender Baupreise und Zinsbelastungen eine neue Aktualität erhalten. Warum sollte nicht diese Form der gegenseitigen Hilfe, die Hunderten von Mitgliedern zu einem eigenen Haus verhalf und die eine große Aufmerksamkeit in den Medien gefunden hatte, auch heute wieder Nachahmer finden.

2. Wohnbaugenossenschaften

Eine andere Form der Selbsthilfe ist in diesem Zusammenhang die Errichtung von Wohnbaugenossenschaften. Die Wohnbaugenossenschaften verfolgen ein ähnliches Ziel wie die Siedlungsgemeinschaften. So heißt es in Art. 3 der Baugenossenschaft Kolping Zürich: „Zweck der Genossenschaft ist, ihren Mitgliedern solide, gesunde, billige und zweckmäßig eingerichtete Wohnungen in Ein- und Mehrfamilienhäusern zu verschaffen. Sie sucht diesen Zweck zu erreichen durch Erwerb von Baugelände, Überbauung desselben mit Ein- und Mehrfamilienhäusern und Vermietung der

Wohnung oder Verkauf der Häuser zur Hauptsache an Mitglieder."

Daß diese Ziele weitgehend auch erreicht werden konnten, zeigt ein Auszug aus dem Jahresbericht der „Baugenossenschaft Kolping Zürich" von 1978. Dort heißt es rückblickend: „Eigenheim und eigener Herd sind die Grundvoraussetzungen für das Leben der Familie, die die Zelle und Grundlage des Volkes ist. Sie geben der Familie einen gesunden Lebensraum und eine gesunde Lebensgrundlage. Sie machen den Menschen frei und entwickeln in ihm die Schaffensfreude und Eigenverantwortung. Unter diesem Leitgedanken wurde am 29. Januar 1954 die Baugenossenschaft Kolping gegründet. Im Jahre 1955/56 baute die Genossenschaft 20 Einfamilienhäuser, 1956/57 3 größere Eigenheime. Im Jahre 1964/65 konnten 13 weitere Einfamilienhäuser erstellt werden. Mit dem Bau dieser 36 Einfamilienhäuser hat die Baugenossenschaft Kolping ihren Beitrag geleistet zur Förderung von Eigenheimen. Alle diese Einfamilienhäuser wurden ohne Subvention errichtet und sind nach Ablauf der 2jährigen Garantiezeit zu den Selbstkosten an die Genossenschafter verkauft worden. Durch den Bau dieser Eigenheime ist innerhalb unserer Genossenschaft ein wichtiges soziales und wirtschaftliches Problem aufgegriffen worden, die „Wohnungsfrage". Sozial, weil Neubauwohnungen für sehr viele Familien mit Kindern und älteren Personen unerschwinglich sind, und weil die zum Teil krassen Unterschiede zwischen Neu- und Altbauten soziale Spannungen und Ungerechtigkeiten mit sich bringen. Wirtschaftlich, weil der Wohnungsbau als wichtiger Konjunkturfaktor für die gegenwärtige und künftige Wirtschaftslage mitbestimmend ist." Während bei den Siedlungsgemeinschaften die Nachbarschaftshilfe im Vordergrund der Selbsthilfe steht, geht es bei den Wohnbaugenossenschaften um die gemeinsame Aufbringung des Eigenkapitals in Form von Genossenschaftsanteilen. Dabei können die Genossenschaftsanteile nicht nur von denjenigen erworben werden, die Eigenheimbesitzer oder Wohnungsmieter der Genossenschaft werden wollen, sondern auch von Mitgliedern der Kolpingsfamilie, die finanziell die Ziele der Wohnbaugenossenschaft unterstützen. In der Regel werden die Anteilscheine an der Genossenschaft verzinst. Diese Verzinsung erfolgt in Abhängigkeit vom Geschäftserfolg der Baugenossenschaft.

Förderung des Wohneigentums — auch eine Aufgabe für die Zukunft

Alle genannten Beispiele und Modelle zeigen, daß das Kolpingwerk in Geschichte und Gegenwart eine Fülle von Modellen entwickelt hat, um den Erwerb von Haus- und Grundeigentum und familiengerechtes Wohnen zu ermöglichen. Wenn sich auch durch andere Umstände und Voraussetzungen diese Modelle in gleicher Form nicht überall wiederholen lassen, so sind sie aber eine Anregung für mögliche Initiativen von Kolpingsfamilien in aller Welt heute. Gerade in den Ländern der Dritten Welt, aber auch in Europa, wird die Wohnungsnot und das Streben nach mehr Eigenverantwortung auch in Zukunft Kolpingsfamilien zu Initiativen in diesem Bereich herausfordern, die auf der Basis der geschichtlichen Erfahrungen beantwortet werden können.

5. „Vila Kolping" in Batalha Bausparkasse für bedürftige Landarbeiterfamilien im Nordosten Brasiliens

Das Kolpingwerk als internationaler katholischer Sozialverband bemüht sich seit Jahren auch um eine verstärkte Entwicklungshilfe. Die Entwicklungshilfe des Kolpingwerkes setzt dabei an bei den Grundbedürfnissen der Menschen in den jeweiligen Ländern. Ein wesentliches Grundbedürfnis ist sicherlich das Grundbedürfnis „Wohnen". So haben sich in den letzten Jahren auch verschiedene Kolpingsfamilien in Lateinamerika darum bemüht, durch Siedlungsprojekte dieses Grundbedürfnis zu erfüllen. Eines dieser Siedlungsprojekte läuft zur Zeit in Batalha, im Nordosten Brasiliens. Die Region ist gekennzeichnet durch große Armut und immer wiederkehrende Dürreperioden. Tausende von Menschen leben in erbärmlichen Elendshütten unter menschenunwürdigen Zuständen. Ausgehend von dieser Situation startete die Kolpingsfamilie Batalha ein Siedlungsprojekt mit dem Ziel, den Mitgliedern familiengerechte Häuser anbieten zu können. Da die bauwilligen Siedler aber über keinerlei Eigenmittel verfügen, ist eine Starthilfe von außen notwendig. Hier greifen Entwicklungshilfe und Selbsthilfe ineinander über. Die Kolpingsfamilie Batalha wandte sich an das Internationale Kolpingwerk mit der Bitte, das Grundstück für den Bau der Siedlung zu erwerben. Durch Spenden der Kolpingmitglieder in Europa konnte das 115 ha große Grundstück gekauft werden. In Selbsthilfe rodeten die Mitglieder der Kolpingsfamilie Batalha das Grundstück, legten Wege an und schufen die notwendige Infrastruktur. Die staatliche Entwicklungsbehörde bohrte einen Brunnen und stellte damit die Wasserversorgung der Siedlung sicher. Aus den Reihen der Kolpingsfamilie Batalha heraus wurde ein Siedlungsbeirat gewählt, der nun darüber entscheidet, wer von den Siedlungswilligen in welcher Reihenfolge ein Haus erhält.

Auch bei der Realisierung der Baumaßnahmen kommt es wiederum zu einer Kombination von Entwicklungshilfe und Selbsthilfe. Um die notwendigen Baumaterialien kaufen zu können, finanziert das Internationale Kolpingwerk einen Fonds, aus dem diese Materialien gekauft werden können. Die Mitglieder der Kolpingsfamilie und die Siedlungswilligen beteiligen sich an den Bauarbeiten.

Der Siedler erwirbt durch seine Mitarbeit und durch die Zuteilung durch den Siedlungsbeirat Eigentum an dem Haus. Das Grundstück verbleibt im Besitze der Kolpingsfamilie, obwohl es ohne Einschränkung von den Siedlern genutzt werden kann. Der Verkauf des Grundstücks ist ausgeschlossen, um damit zu verhindern, daß Siedler ihr Grundstück und Haus verkaufen und in die Stadt abwandern.

Die Siedler verpflichten sich zur Rückzahlung der Mittel, die aus dem Fonds der Siedlungsgemeinschaft für den Bau des Hauses bereitgestellt wurden. Damit füllt sich der ursprünglich aus Entwicklungshilfegeldern finanzierte Fonds immer wieder auf und steht für neue Baumaßnahmen zur Verfügung.

Der Wert des Hauses als Grundlage für die Rückzahlung wird nicht in einer Geldsumme festgelegt, sondern in einem Vielfachen des gesetzlich geregelten Mindestlohns. Die Rückzahlungsquoten werden daher auch als bestimmter Anteil des jeweils geltenden Mindestlohnes festgelegt. Da der Mindestlohn der inflatorischen Entwicklung im Land angepaßt wird, gewährt diese Regelung einen Inflationsausgleich. Die Zahl der rückzuzahlenden Quoten pro Monat wird ebenfalls in Abhängigkeit vom Einkommen bestimmt. Wer den einfachen Mindestlohn verdient, zahlt eine Quote pro Monat zurück, wer einen mehrfachen Mindestlohn als Einkommen bezieht, zahlt eine entsprechend mehrfache Quote in den Fonds zurück. Diese Regelung nimmt darauf Rücksicht, daß der finanziell Leistungsfähigere sein Haus schneller abzahlt und damit es der Siedlungsgemeinschaft ermöglicht, eher weitere Häuser zu bauen.

Eine bedeutende Stellung im Rahmen dieses Siedlungsprojektes hat der Siedlungsbeirat. Er hat die folgenden Aufgaben:

a) Die pünktliche Bezahlung soll von einem aus den Siedlern zu wählenden Siedlungsbeirat überwacht werden.

b) Der Siedlungsbeirat soll bei Unpünktlichkeit und Säumigkeit bei der Zahlung oder bei fehlendem guten Willen der Siedler sich um das Hereinkommen der Zahlungen kümmern.

c) In Härtefällen kann vom Beirat ein zeitlich begrenzter Aufschub der Zahlungen beschlossen werden.

d) Der Beirat ist für die Weiterverwendung der hereinkommenden Gelder verantwortlich.

e) Der Beirat ist für die Verteilung der neu hinzukommenden Häuser verantwortlich.

Auch bei diesem Projekt verfolgt die Kolpingsfamilie Batalha neben der Erfüllung des Grundbedürfnisses „Wohnen" ein weiteres Ziel. Da jedes der Siedlungshäuser über einen eigenen Garten verfügt, soll durch gezielte Bildungsarbeit der Kolpingsfamilie und eine Beratung der Siedler Gemüseanbau angeregt werden, um eine ausgewogenere und damit gesündere Ernährung der Siedler zu erreichen. Damit wird der Gesundheit, als weiterem Grundbedürfnis, Rechnung getragen.

IV. Vermögensbildung in Zahlen und Modellen

1. Modelle zur Vermögensbildung in Arbeitnehmerhand

Vermögensbildung in Arbeitnehmerhand scheint, neben den klassischen Formen der Vermögensbildung (vgl. Statistiken unter Kapitel 2), in den letzten 15 Jahren sich zunehmender Beliebtheit zu erfreuen. Bisherige Erfahrungen und Erkenntnisse ergeben einige Leitlinien für Vermögensbildung in Arbeitnehmerhand (sh. 1.1). In mehreren Ländern befaßten sich eigene wissenschaftliche Untersuchungen mit dem Thema der Mitarbeiterkapitalbeteiligung (MKB). Das Ergebnis aus diesen regionalen Erhebungen wird hier ebenfalls eingeblendet (sh. 1.2). Ein konkreter Beteiligungs-Vertrag zeigt exemplarische Gestaltungsmöglichkeiten für Vermögensbildung in Arbeitnehmerhand (sh. 1.3).

1.1 Leitlinien für Vermögensbildung in Arbeitnehmerhand

Wenn auch bisher keine das gesamte Bundesgebiet umfassende Studie über Vermögensbildung in Arbeitnehmerhand vorliegt, so können doch schon aus bisherigen Erfahrungen und Erkenntnissen folgende übergreifende Leitlinien für Vermögensbildung in Arbeitnehmerhand zusammengefaßt werden.

1. **Pluralität der Modelle**
   Für die in den letzten Jahren ständig wachsende Zahl der Mitarbeiterkapitalbeteiligungen (derzeit gibt es in der Bundesrepublik Deutschland an die 600 Betriebe mit solchen Beteiligungen) gibt es kein Einheitsmodell. Eine Pluralität der Beteiligungsmodalitäten scheint daher eine wichtige Leitlinie für Vermögensbildung in Arbeitnehmerhand

zu sein: Größe, Art, ebenso wirtschaftlicher Ertrag des Unternehmens u. a. sind als Eckdaten für das konkrete Modell der Beteiligung miteinzubeziehen.

2. **Gewinn- und Verlustbeteiligung der Mitarbeiter**
   Jede der Beteiligungs-Vereinbarungen sehen sowohl eine Gewinn- wie eine (allerdings beschränkte) Verlustbeteiligung der Mitarbeiter vor. Durch solche Bestimmungen werden Arbeitnehmer zweifelsohne zu Mitarbeitern: sie bestimmen und verantworten mit!

3. **Einbezug kleinerer und mittlerer Unternehmen in die MKB**
   Durch das vierte Vermögensbildungsgesetz (gültig ab 1. Januar 1984) sind die vorher nur auf größere Unternehmungen beschränkten steuerbefreienden Möglichkeiten aufgehoben und auch auf Mitarbeiter von kleineren und mittelständischen Betrieben ausgedehnt worden. Eine Ausweitung der MKB-Modelle ist daher zu erwarten.

4. **Fortschritt vom kämpferischen Gegeneinander zum partnerschaftlichen Miteinander**
   Bisherige Erfahrungen aus verschiedensten MKB-Modellen lassen zweifelsfrei erkennen, daß die Zahl der beteiligten Mitarbeiter und Unternehmungen weit größer ist als bisher angenommen und daß zudem die Beteiligung der Mitarbeiter ohne Verlust gewerkschaftlicher Interessenidentität das partnerschaftliche Miteinander fördert. Diese Erkenntnisse sind insbesondere aus sozial- und gesellschaftspolitischer Sicht von größter Bedeutung (vgl. auch Hans-Günter Guski und Hans J. Schneider, Betriebliche Vermögensbeteiligung in der Bundesrepublik Deutschland Teil II: Ergebnisse, Erfahrungen und Auswirkungen in der Praxis, Deutscher Instituts-Verlag Köln 1983).

Die hier nur in einigen wichtigen Leitlinien zusammengefaßten bisherigen Erfahrungen und Erkenntnisse decken sich fast durchgängig mit den vom Kolpingwerk erstellten Eckdaten für Vermögensbildung in Arbeitnehmerhand (vgl. oben II.1).

1.2 Regionale Erhebungen über Mitarbeiter-Kapitalbeteiligungmodelle

Niedersachsen

In Niedersachsen wurde eine Untersuchung über die Mitarbeiter-Kapitalbeteiligung durchgeführt. Die Erhebung erbrachte folgende wichtige Ergebnisse:

1. In der Untersuchung wurden 103 rechtlich selbständige Unternehmen erfaßt, die ihre Mitarbeiter in irgendeiner Form am Firmenkapital beteiligen. Dabei konnten 62 eigenständige Beteiligungsmodelle identifiziert werden.

2. In den 103 erfaßten Firmen sind ca. 73 000 Mitarbeiter beschäftigt. Die Quote der Berechtigung zur Übernahme von Kapitalanteilen beträgt 93,8%. Auf dieser Basis errechnen sich ca. 68 500 teilnahmeberechtigte Mitarbeiter in Niedersachsen.

3. Die Beteiligungsangebote der Unternehmen werden von durchschnittlich 45,7% der teilnahmeberechtigten Mitarbeiter angenommen. Mithin sind die Niedersachsen ca. 31 300 Mitarbeiter in irgendeiner Form am Kapital der sie beschäftigenden Firmen beteiligt. Legt man die Gesamtzahl der sozialversicherungspflichtigen Arbeitnehmer dieses Bundeslandes zugrunde, so handelt es sich um ca. 1,5% (31 300 von 2 106 355).

4. Die geringste Bereitschaft zur Übernahme von Beteiligungsanteilen ist bei Unternehmen in der Rechtsform der Aktiengesellschaft festzustellen.

5. Eine Hochrechnung ergibt, daß die Gesamtsumme des Mitarbeiterkapitals der in Niedersachsen beteiligten Arbeitnehmer DM 72 690 000 beträgt. Der durchschnittliche Mitarbeiteranteil beträgt ca. DM

2300, wobei allerdings von starken Schwankungen nach oben und unten auszugehen ist.

6. Bis 1975 läßt sich ein stetiger Zuwachs der Beteiligungsmodelle feststellen; in den Jahren 1971 bis 1975 ist eine deutliche Häufung zu verzeichnen.

7. Initiator des Beteiligungsmodells ist ganz überwiegend die Geschäftsleitung. An der Modellentwicklung sind darüber hinaus insbesondere die Personal- und die Finanzabteilung sowie der Betriebsrat beteiligt.

8. Hauptmotiv für die Einführung einer Mitarbeiter-Kapitalbeteiligung ist die Weckung unternehmerischen und kostenbewußten Denkens. Gesellschaftspolitische Zielsetzungen verlieren in jüngerer Zeit tendenziell an Bedeutung.

9. Häufigste Beteiligungsgrundlagen sind die Betriebsvereinbarung, ein Beschluß der Geschäftsleitung (Vorstand) und der Gesellschaftsvertrag. Die Möglichkeit, eine Mitarbeiterbeteiligung auf tarifvertraglicher Grundlage zu schaffen, wird bislang praktisch nicht genutzt.

10. Teilnahmevoraussetzung ist in etwa zwei Drittel aller praktizierten Modelle eine bestimmte Mindest-Betriebszugehörigkeit. Sie beträgt im häufigsten Fall ein Jahr, vereinzelt werden aber auch Fristen bis zu zehn Jahren genannt.

11. Mit wachsender Mitarbeiterzahl eines Unternehmens steigt die Berechtigungsquote. Im Hinblick auf die Beteiligungsquote kehrt sich diese Tendenz um.

12. Die direkte Mitarbeiterbeteiligung dominiert gegenüber der indirekten eindeutig (54:8 Modelle). Innerhalb der ersten Gruppe hat die Eigenkapitalbeteiligung gegenüber der Fremdkapitalbeteiligung einen wesentlich höheren Stellenwert (43:7 Modelle, in vier Modellen sind beide Möglichkeiten vorgesehen).

13. Bei der Aufbringung der Beteiligungsmittel spielen Eigenleistungen und Unternehmenszuwendungen die größte Rolle. In ca. einem Viertel der Modelle erfolgt die Mittelaufbringung auch auf dem Wege einer Erfolgsbeteiligung.

14. Bei der Verwendung der Erträge aus der Kapitalbeteiligung dominiert die Barausschüttung. In vielen Fällen besteht aber auch die Möglichkeit bzw. die Pflicht zur (teilweisen) Wiederanlage.

15. Die Erfahrungen mit den Beteiligungsmodellen scheinen im allgemeinen positiv zu sein. Als veränderungsbedürftig wird vergleichsweise häufig die steuerliche Behandlung der Mitarbeiter-Kapitalbeteiligung genannt.

16. Aus der Sicht der Geschäftsleitung und des Betriebsrats gleichermaßen wird ein überwiegend positives Interesse der Mitarbeiter an dem Beteiligungsmodell festgestellt. Ebenfalls einhellig ist die Beurteilung dahingehend, daß das momentane Interesse gegenüber dem Interesse bei Modelleinführung zurückgegangen ist. Als Gründe wurden insbesondere die sinkenden Erträge aus der Kapitalbeteiligung und der eingeengte finanzielle Spielraum der Mitarbeiter genannt.

17. Die Einstellung der Betriebsräte zu den praktizierten Beteiligungsmodellen ist ganz überwiegend positiv. Im Unterschied dazu beurteilen die Betriebsräte die Einstellung der jeweiligen Gewerkschaft wesentlich zurückhaltender.

(Günther Schanz, Hans-Christian Riekhof, Mitarbeiter-Kapitalbeteiligung in der Wirtschaft Niedersachsens. Eine Erhebung über praktizierte Vermögens-Beteiligungsmodelle. AGP-Veröffentlichungen Bd. 25, Verlag René F. Wilfer Spardorf 1984, (S. 11−13)

Baden-Württemberg

In Baden-Württemberg wurde ebenfalls eine Untersuchung über die Mitarbeiter-Kapitalbeteiligung durchgeführt. Die Ergebnisse dieser Erhebung werden wie folgt zusammengefaßt:

Die Erhebung hat im Jahr 1980 in Baden-Württemberg insgesamt 85 893 Arbeitnehmer erfaßt, die am Kapital ihrer arbeitgebenden Unternehmen beteiligt waren; bezogen auf 3,35 Mio. versicherungspflichtige Arbeitnehmer waren das 2,5% in 130 Firmen; davon hatten 85 Firmen ihren Hauptsitz in Baden-Württemberg.
In dieser Zahl nicht enthalten sind die 19 100 Mitarbeiter der badischen und württembergischen Kreditgenossenschaften, die als Mitglieder ihrer arbeitgebenden Genossenschaften auch kapitalmäßig an ihnen beteiligt sind. Bei den Kreditgenossenschaften sind durchschnittlich 90% der Mitarbeiter am Kapital beteiligt. Im Gegensatz zu den Kreditgenossenschaften kommen derartige Beteiligungen der Mitarbeiter bei den Waren-, Konsum- und Produktionsgenossenschaften nur sehr vereinzelt vor; dazu liegen keine Angaben vor.

An insgesamt 289 uns benannte Firmen wurden Erhebungsbogen versendet; 259 Firmen (= 89,6%) haben geantwortet. 130 Firmen praktizierten bereits eine Mitarbeiter-Kapitalbeteiligung, die anderen 129 Firmen hatten dagegen keine derartige Beteiligung. Weitere 30 Firmen (davon 29 mit Sitz in Baden-Württemberg) nahmen an der Erhebung nicht teil. Nach Anschluß der Erhebung wurden von diesen noch 6 Firmen mit ca. 3000 beteiligten Mitarbeitern als Beteiligungs-Firmen identifiziert, deren Angaben nicht in der Studie enthalten sind. Es ist anzunehmen, daß sich auch in der Restgruppe noch einige wenige Beteiligungs-Firmen befinden.

Tatsächlich waren zum Zeitpunkt der Erhebung mindestens 108 000 Arbeitnehmer am Kapital ihrer arbeitgebenden Unternehmen oder Genossenschaften beteiligt; das entspricht 3,2% aller versicherungspflichtigen Arbeitnehmer in Baden-Württemberg.

Die Angaben in dieser Studie beziehen sich auf 85 893 erfaßte Arbeitnehmer mit Kapitalbeteiligungen.

Die Beteiligten hielten ein Beteiligungskapital von mindestens 315 Mio. DM (Kurswert per 16. 12. 1980).

Für einen beteiligten Mitarbeiter wurde ein durchschnittlicher Kapitalanteil von mindestens 3600 DM errechnet. Bei zwei Beteiligungsarten, der indirekten und der stillen Beteiligung, erreichte der durchschnittliche Pro-Kopf-Anteil ungefähr doppelt so hohe Durchschnittswerte.

Den weitaus größten Teil der Beteiligten stellten die Belegschaftsaktionäre (88%) mit einem Beteiligungskapital-Volumen von 269 Mio. DM (Kurswert). 60% aller Beteiligten waren in 3 Großunternehmen beschäftigt.

Im Jahr 1980 gab es in den 130 Beteiligungs-Firmen 82 MKB-Modelle. Die Zahl der Beteiligungs-Firmen weicht deswegen von der Zahl der MKB-Modelle erheblich ab, weil oft mehrere Tochterfirmen das Modell der Muttergesellschaft übernommen hatten. Dementsprechend wurden 16 MKB-Modelle der bekannten Großunternehmen in 59 Firmen praktiziert. Über 80% der Beteiligungs-Firmen waren Kapitalgesellschaften; die restlichen Personengesellschaften waren bis auf zwei Firmen Kommanditgesellschaften.

Obwohl im Regierungsbezirk Stuttgart und dort vor allem im Großraum dieser Stadt 41% aller Beteiligungs-Firmen mit Sitz in Baden-Württemberg ansässig waren, entfielen mit 77% der Beteiligten die weitaus größte Anzahl auf dieses Gebiet.

Große Unterschiede wurden bei der Beteiligungsquote festgestellt. Angestellte machten im Vergleich zu Arbeitern dreimal so häufig von der angebotenen Möglichkeit der Kapitalbeteiligung Gebrauch; dabei zeigte sich keine gravierende Abweichung zwischen tariflichen und außertariflichen Angestellten. Genausowenig unterschieden sich im allgemeinen die Angaben für männliche und weibliche Mitarbeiter; es gab jedoch bei einigen Firmen Ausnahmen.

Die Analyse verschiedener Wirtschaftsbranchen ergab ebenfalls erhebliche Unterschiede für die Verbreitung der Mitarbeiter-Kapitalbeteiligung. Insbesondere in Branchen mit vorwiegend kleinen Unternehmen hatte die Mitarbeiter-Kapitalbeteiligung bislang eine verhältnismäßig geringere Verbreitung. Daß aber auch kleinere Unternehmen die Kapitalbeteiligung erfolgreich praktizieren können, zeigten die überdurchschnittlichen Beteiligungsquoten bei diesen Firmen und die höheren Kapitalanteile ihrer Mitarbeiter.

In den 70er Jahren haben im Jahresdurchschnitt ungefähr 7 Firmen, die Mitarbeiter in Baden-Württemberg beschäftigten, eine Mitarbeiter-Kapitalbeteiligung eingeführt.

(Eduard Gaugler, Werner H. Groos, Bernd Weber, Mitarbeiter-Kapitalbeteiligung in Baden-Württemberg. Eine Erhebung über praktizierte Vermögens-Beteiligungsmodelle. AGP-Veröffentlichungen Bd. 24, Verlag René F. Wilfer, Spardorf 1983, S. 22 −25)

1.3 Exemplarische MKB (Mitarbeiter-Kapital-Beteiligung)-Verträge

Beteiligungsordnung für die Mitarbeiter der Firma NN; Wärme-, Lüftungs- und Sanitär-Technik

1. Beteiligungsmöglichkeit

1.1 Jeder Mitarbeiter der Firma NN, der drei Jahre ununterbrochen in der Firma beschäftigt war, hat die Möglichkeit, sich nach Maßgabe dieser Beteiligungsordnung als stiller Gesellschafter an der Kommanditgesellschaft „NN, Wärme-, Lüftungs- und Sanitär-Technik" zu beteiligen.

1.2 Will er von dieser Möglichkeit Gebrauch machen, so hat er es spätestens im Januar des Jahres, ab dem die Beteiligung gelten soll, der

KG schriftlich mitzuteilen. Die Beteiligungsmöglichkeit besteht immer nur ab dem 1. Januar eines jeden Jahres.

1.3 Die schriftliche Mitteilung gilt als Einverständnis mit den Regelungen dieser Beteiligungsordnung.

2. Einlagen

2.1 Die Einlagen können nicht in bar, sondern auf zwei Arten geleistet werden:

2.11 Die stillen Gesellschafter haben die Möglichkeit, in jedem Jahr die ihnen zustehende Gewinnbeteiligung ganz oder teilweise in der Firma stehen zu lassen oder

2.12 die auf eine bereits erbrachte Einlage entfallende Verzinsung (vgl. unten, Ziffer 3) kann der Einlage zugeschlagen werden.

2.2 Für jeden stillen Gesellschafter wird von der Firma ein Einlagenkonto geführt. Bei jeder Veränderung des Kontostandes erhält der stille Gesellschafter einen Kontoauszug, auf dem die erbrachte Einlage nach dem neuesten Stand ersichtlich ist.

2.3 Die Einlage eines einzelnen stillen Gesellschafters kann höchstens DM 10 000,– betragen.

3. Gewinn- und Verlustbeteiligung, Bilanz

3.1 Der stille Gesellschafter ist am Gewinn der Kommanditgesellschaft dadurch beteiligt, daß er, wenn ein Gewinn erwirtschaftet wird, auf seine Einlage eine Verzinsung von 10% pro Jahr erhält. Die Zinsen werden jährlich im nachhinein ausbezahlt, wenn der stille Gesellschafter nicht schriftlich erklärt, daß sie gemäß Ziffer 2.12 seiner Einlage zugeschlagen werden soll. Die auf die Verzinsung anfallenden Steuern trägt der stille Gesellschafter.

3.2 Macht die Kommanditgesellschaft Verlust, so

nimmt jeder stille Gesellschafter an diesem Verlust dadurch teil, daß von seinem Einlagenkonto 10% abgebucht werden. Eine weitergehende Verlustbeteiligung findet nicht statt.

3.3 Jeder stille Gesellschafter hat das Recht auf Einsichtnahme in die jährliche Bilanz der Kommanditgesellschaft, einschließlich Gewinn- und Verlustrechnung. Weitere Kontrollrechte bestehen nicht.

4. Darlehen

4.1 Jeder Gesellschafter hat Anspruch auf die Gewährung eines Gesellschafterdarlehens durch die Kommanditgesellschaft.

4.2 Das Gesellschafterdarlehen beträgt maximal 80% der Einlage und ist binnen 2 Wochen nach schriftlicher Anforderung durch den stillen Gesellschafter zu 100% auszuzahlen.

4.3 Das Gesellschafterdarlehen hat eine maximale Laufzeit von 36 Monaten und ist mit 5% pro Jahr zu verzinsen. Näheres regelt ein von Fall zu Fall abzuschließender Darlehensvertrag.

5. Gesellschafterversammlung

5.1 Jährlich einmal findet eine Gesellschafterversammlung der stillen Gesellschafter statt, die von der Geschäftsleitung einberufen wird. Die Geschäftsleitung hat der Gesellschafterversammlung über den Geschäftsgang im vergangenen Jahr, sowie über die künftig erwartete Entwicklung der Firma zu berichten.

5.2 Die Geschäftsleitung kann sonstige Punkte auf die Tagesordnung setzen, das gleiche kann jeder stille Gesellschafter.

5.3 Die Gesellschafterversammlung hat das Recht, Empfehlungen an die Geschäftsleitung auszusprechen. Ferner kann die Geschäftsleitung der Gesellschafterversammlung Fragen zur Entscheidung vorlegen.

5.4 Abstimmungen erfolgen mit einfacher Stimmen-Mehrheit. Alle vollen DM 100,– der Gesellschaftereinlage gewähren eine Stimme. Die Kommanditgesellschaft hat kein Stimmrecht.

5.5 Vor überragend wichtigen geschäftlichen Entscheidungen sollen die stillen Gesellschafter in einer außerordentlichen Gesellschafterversammlung gehört werden.

6. Ausscheiden und Abfindung

6.1 Die Beteiligung als stiller Gesellschafter hängt in ihrem Bestand vom Arbeitsverhältnis eines stillen Gesellschafters ab. Endet das Arbeitsverhältnis aus Altersgründen, so kann die Beteiligung weiterbestehen, wenn der stille Gesellschafter dies wünscht und die Kommanditgesellschaft zustimmt.

6.2 Während des Bestehens des Arbeitsverhältnisses kann die Beteiligung durch eingeschriebenen Brief mit einer Frist von 9 Monaten zum Jahresende gekündigt werden.

6.3 Die Einlage, sowie die bis zum Stichtag der Beendigung aufgelaufenen Zinsen sind dem stillen Gesellschafter binnen 3 Monaten nach Beendigung des stillen Gesellschaftsverhältnisses auszuzahlen.

6.4 Die Stellung als stiller Gesellschafter ist nicht vererblich. Jeder stille Gesellschafter hat der Kommanditgesellschaft eine Person zu benennen, an welche die Auszahlung gemäß Ziffer 6.3 erfolgen soll, wenn das stille Gesellschaftsverhältnis durch den Tod eines stillen Gesellschafters endet.

6.5 Ein gemäß Ziffer 4. geschlossener Darlehensvertrag endet mit dem stillen Gesellschaftsverhältnis. Hat der stille Gesellschafter ein Darlehen gemäß Ziffer 4. in Anspruch genommen, so vermindert sich sein Ausscheidungsguthaben um den offenen Betrag des Darlehens, zuzüglich der aufgelaufenen Darlehenszinsen.

7. Änderungen, Schriftform, Gerichtsstand

7.1 Änderungen und Ergänzungen dieser Beteiligungsordnung bedürfen der Zustimmung der Gesellschafterversammlung gemäß Ziffer 5. Das Recht der Kommanditgesellschaft, auch auf der Basis von Einzelverträgen stille Gesellschafter aufzunehmen, bleibt unberührt.

7.2 Alle das stille Gesellschaftsverhältnis berührenden Vereinbarungen, Mitteilungen usw., bedürfen grundsätzlich der Schriftform.

7.3 Ausschließlicher Gerichtsstand für alle das Gesellschaftsverhältnis berührenden Streitigkeiten ist das Landgericht München I.

Unterschriften

Regelung der Gewinnbeteiligung für die Mitarbeiter der Firma NN, Wärme-, Lüftungs- und Sanitär-Technik

1. Ausschüttung

Die Firma NN wird künftig in jedem Jahr einen Teil des erwirtschafteten Jahresgewinns an die Mitarbeiter ausschütten. Der Ausschüttungsbetrag wird nach Feststellung des Jahresgewinns den Mitarbeitern bekanntgegeben.

2. Anspruchsberechtigte

2.1 Anspruch auf eine Gewinnbeteiligung haben alle Mitarbeiter nach zweimonatiger Betriebsangehörigkeit.

2.2 Der Anspruch erlischt, wenn das Arbeitsverhältnis gekündigt wird, und zwar rückwirkend für das Jahr, in welchem die Kündigung dem anderen Teil zugeht.

3. Verteilung

3.1 Die Verteilung des Ausschüttungsbetrages erfolgt nach Maßgabe einer Punkteeinteilung: Der Ausschüttungsbetrag wird durch die Gesamtzahl der von allen Mitarbeitern erreichten Punkte geteilt und sodann mit der Punktzahl jedes einzelnen Mitarbeiters multipliziert. Hierdurch ergibt sich die Gewinnbeteiligung jedes Mitarbeiters.

3.2 Die von jedem Mitarbeiter erreichte Punktzahl ergibt sich aus der Dauer seiner Betriebszugehörigkeit, aus seiner Qualifikation und aus der Zahl der im Geschäftsjahr tatsächlich geleisteten Arbeitstage. Sie wird dadurch festgesetzt, daß entsprechende Punktzahlen auf den anliegenden Darstellungen A (Berücksichtigung der Dauer der Betriebszugehörigkeit) und B (Berücksichtigung der Qualifikation und Arbeitsleistung) abgelesen und sodann zu einer Gesamtpunktzahl addiert werden.

3.3 Die erreichte Punktzahl, sowie der voraussichtliche Wert eines Punktes werden den Mitarbeitern jedes Jahr gegen Ende Dezember bekanntgegeben. Wird gegen die Punktzahl nicht binnen zwei Wochen nach Bekanntgabe schriftlich Einspruch erhoben, so gilt sie als richtig anerkannt.

4. Auszahlung, Steuer

4.1 Die Auszahlung erfolgt halbjährlich, und zwar im nachhinein für das abgelaufene Jahr. Ende Dezember wird ein Vorschuß ausbezahlt, der sich auf die Hälfte der voraussichtlichen Gewinnbeteiligung beläuft. Die zweite Rate gelangt unter gleichzeitiger Festsetzung der endgültigen Höhe der Gewinnbeteiligung im Juli des folgenden Jahres zur Auszahlung.

4.2 Anfallende Steuern sind vom Mitarbeiter selbst zu tragen.

5. Beteiligung

Mitarbeiter, die länger als drei Jahre in der Firma beschäftigt sind, haben die Möglichkeit, ihre Gewinnbeteiligung ganz oder teilweise in der Firma stehen zu lassen. Sie werden dadurch als stille Gesellschafter an der Firma beteiligt. Näheres regelt die Beteiligungsordnung.

Unterschriften

Japaner sind Spitze

Weltspitze bei den Lebensversicherungen sind die Japaner. Mit umgerechnet fast 60 000 DM Versicherungssumme je Einwohner scheinen sie mehr für ihr Alter getan zu haben als die Bürger anderer Industrieländer. Aber freilich, die gesetzliche Rentenversicherung ist in Japan – wie auch in den USA – bei weitem nicht so ausgebaut wie in der Bundesrepublik. Das ist wohl auch der wichtigste Grund dafür, warum die Bundesbürger mit ihren Lebensversicherungen nur einen der unteren Plätze im internationalen Vergleich belegen. Aber sie sind dabei, das zu ändern. Darauf deuten die hohen Zuwachsraten bei den deutschen Lebensversicherungs-Unternehmen hin. Immer mehr Deutsche zweifeln offenbar daran, ob sie sich im Alter allein auf ihre Rente verlassen können. Sie bauen lieber an einer zweiten Säule zur finanziellen Absicherung im Alter, an einer ausreichenden Lebensversicherung. Globus

Statistische Angaben: Verband der Lebensversicherungs-Unternehmen

2. Statistiken zur Vermögensbildung

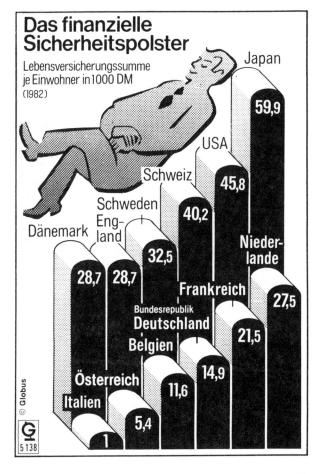

Das finanzielle Sicherheitspolster

Lebensversicherungssumme je Einwohner in 1000 DM (1982)

Italien 1
Österreich 5,4
Belgien 11,6
Bundesrepublik Deutschland 14,9
Frankreich 21,5
Niederlande 27,5
England 28,7
Dänemark 28,7
Schweden 32,5
Schweiz 40,2
USA 45,8
Japan 59,9

© Globus
5138

Vermögensmehrung trotz Flaute

Selbst in den zurückliegenden Rezessionsjahren haben die Bundesbürger ihr Vermögen mehren können. Obwohl die Einkommen kaum noch wuchsen, teilweise sogar stagnierten, war noch Geld übrig, das auf die hohe Kante gelegt werden konnte. Das Geldvermögen der privaten Haushalte wuchs von Ende 1981 bis Ende 1983 um 273 Milliarden DM. Mit insgesamt 1871 Milliarden DM ist das finanzielle Polster der Bundesbürger so dick wie nie zuvor. Diese Vermögensbildung beschränkt sich nicht etwa auf eine kleine Schicht, sondern ist breit gestreut. Millionen von Arbeitnehmern nutzen die Vorteile des 624-DM-Gesetzes. Millionen haben Bausparverträge, Lebensversicherungen oder Wertpapiere. Ganz abgesehen vom guten alten Sparbuch, das kaum in einem Haushalt fehlt.

Der größte Teil des privaten Geldvermögens ist denn auch auf Sparkonten angelegt – insgesamt 557 Milliarden DM. An zweiter Stelle steht die Geldanlage in Versicherungen mit 351 Milliarden DM. Beliebt sind auch festverzinsliche Wertpapiere, dies vor allem wegen der hohen Zinsen. Insgesamt kassierten die Sparer 1983 Erträge in Höhe von 86 Milliarden DM aus ihrem Geldvermögen. Diese Einkünfte – Zinsen, Dividenden u. a. – steuerten rund acht Prozent zum gesamten verfügbaren Privateinkommen bei.   Globus

Statistische Angaben: Deutsche Bundesbank

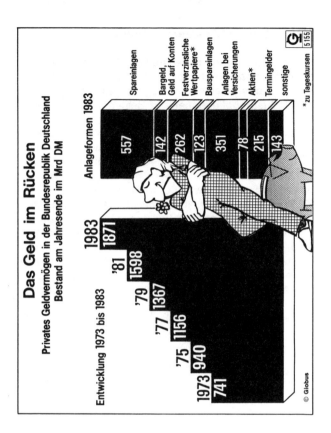

Das Geld im Rücken

Privates Geldvermögen in der Bundesrepublik Deutschland
Bestand am Jahresende im Mrd DM

Entwicklung 1973 bis 1983

- 1973: 741
- '75: 940
- '77: 1156
- '79: 1367
- '81: 1598
- 1983: 1871

Anlageformen 1983

Anlageform	Mrd DM
Spareinlagen	557
Bargeld, Geld auf Konten	142
Festverzinsliche Wertpapiere*	262
Bausparteinlagen	123
Anlagen bei Versicherungen	351
Aktien*	78
Termingelder	215
sonstige	143

* zu Tageskursen

© Globus

5/155

81

Höhenflug der Festverzinslichen

Einen Siegeszug ohnegleichen haben die festverzinslichen Wertpapiere hinter sich. Dazu zählen Pfandbriefe, Kommunalobligationen, öffentliche Anleihen und Industrieobligationen. Ihr Bestand in Privatbesitz hat sich in den letzten zehn Jahren vervierfacht, von 65 Milliarden DM im Jahr 1973 auf 262 Milliarden DM im Jahre 1983. Eine derart steile Karriere war den Aktien nicht gegönnt. Der private Aktienbesitz wuchs von 1973 bis 1983 dem Werte nach nur um 39 Prozent auf 78 Milliarden DM. Zweierlei hat die Festverzinslichen für Privatleute so attraktiv gemacht. Erstens liegen ihre Zinsen durchweg erheblich über der Preissteigerungsrate. Das heißt: Geld, das in Festverzinslichen angelegt wird, wirft eine reale Rendite ab. Zweitens besteht nur ein geringes Kursrisiko. Wer bis zum Einlösungstermin seiner Papiere wartet, bekommt sein Geld zu 100 Prozent zurück.   Globus

Statistische Angaben: Deutsche Bundesbank

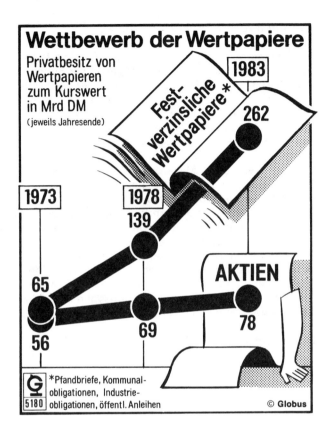

Wettbewerb der Wertpapiere

Privatbesitz von
Wertpapieren
zum Kurswert
in Mrd DM
(jeweils Jahresende)

1983

Fest-
verzinsliche
Wertpapiere *

262

1973

1978

139

65

56

69

AKTIEN

78

*Pfandbriefe, Kommunal-
obligationen, Industrie-
obligationen, öffentl. Anleihen

5180

© **Globus**

83

Nur ein Sechstel gehört Privaten

Auf annähernd 200 Milliarden DM beziffert die Deutsche Bundesbank das Aktienvermögen in der Bundesrepublik (als Wertmaßstab wurde dabei der Ausgabekurs und nicht der aktuelle Tageskurs zugrunde gelegt). Den größten Anteil an diesen Papieren, nämlich 40 Prozent, halten Unternehmen. An zweiter Stelle stehen Ausländer; erst auf dem dritten Rang folgen die privaten Haushalte, die rund ein Sechstel des Aktienkapitals im Wert von 31 Milliarden DM ihr eigen nennen. So groß diese Summe auf den ersten Blick erscheinen mag, als Instrument der Vermögensbildung spielen die Aktien nur eine Außenseiterrolle. Vom gesamten privaten Geldvermögen in Höhe von 1,7 Billionen DM (= 1700 Milliarden DM) werden gerade drei Prozent in Aktien gehalten. Und dieser Anteil wäre — so die Bundesbank — noch geringer, wenn nicht gerade in den letzten Jahren zahlreiche Unternehmen ihren Arbeitnehmern Belegschaftsaktien zu günstigen Konditionen zum Kauf angeboten hätten.   Globus

Statistische Angaben: Deutsche Bundesbank

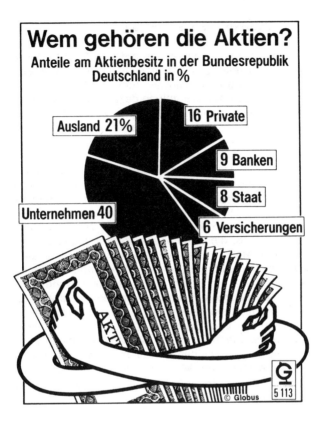

Wem gehören die Aktien?

Anteile am Aktienbesitz in der Bundesrepublik Deutschland in %

16 Private

Ausland 21%

9 Banken

8 Staat

Unternehmen 40

6 Versicherungen

© Globus

G
5 113

Vermögen in allen Schichten

Eine Bestandsaufnahme des privaten Vermögens in der Bundesrepublik ist nicht leicht. Denn: Was ist Vermögen? Gehören Brillantring oder Perlenkette, Briefmarken- oder Münzsammlung dazu? Und wie steht es mit den Ansprüchen auf Rente oder Pension? Das Statistische Bundesamt hat daher zunächst Vermögenswerte unter die Lupe genommen, die relativ einfach zu ermitteln sind. Sparbuch und Lebensversicherung erwiesen sich dabei als die weitaus verbreitetsten Geldanlageformen. 90 Prozent aller privaten Haushalte besaßen Anfang 1984 ein oder mehrere Sparkonten; 84 Prozent hatten eine oder mehrere Lebensversicherungspolicen. An der Spitze standen dabei die Selbständigen, für die eine Lebensversicherung häufig die einzige Form der finanziellen Sicherheit im Alter darstellt. Auch die übrigen Formen der Vermögensbildung waren keineswegs selten. Beim Haus- und Grundbesitz schossen naturgemäß die Landwirte den Vogel ab. Von den Arbeitnehmerhaushalten – also den Arbeitern, Angestellten und Beamten – war immerhin jeder zweite als Eigentümer ins Grundbuch eingetragen. Und viele sind mit einem Bausparvertrag auf dem Weg zu den eigenen vier Wänden. Alles in allem zeigt die Untersuchung des Statistischen Bundesamtes, daß Vermögen in der Bundesrepublik keineswegs nur die Angelegenheit einiger weniger Reicher ist, sondern daß breite Schichten der Bevölkerung daran teilhaben.

Globus

Statistische Angaben: Statistisches Bundesamt

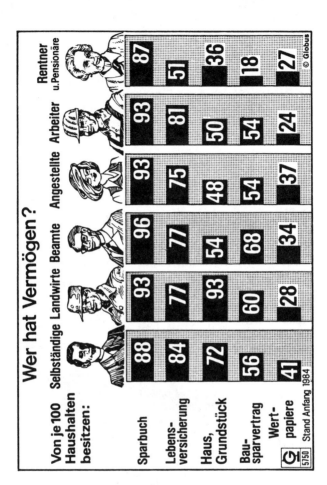

Wer hat Vermögen?

Von je 100 Haushalten besitzen:

	Selbständige	Landwirte	Beamte	Angestellte	Arbeiter	Rentner u.Pensionäre
Sparbuch	88	93	96	93	93	87
Lebensversicherung	84	77	77	75	81	51
Haus, Grundstück	72	93	54	48	50	36
Bausparvertrag	56	60	68	54	54	18
Wertpapiere	41	28	34	37	24	27

Stand Anfang 1984

5/50 © Globus

Arbeitnehmer als Unternehmer

Rund eine Million der insgesamt 22 Millionen Beschäftigten in der Bundesrepublik hat einen Doppel-Status im Betrieb. Sie sind am Eigenkapital ihres Unternehmens und damit auch am Gewinn beteiligt. Bisher gibt es etwa 1000 Unternehmen, die derartige Beteiligungsmöglichkeiten bieten.

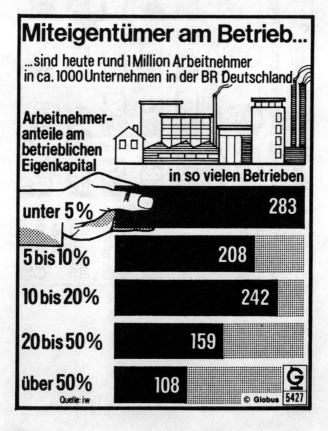

Miteigentümer am Betrieb...

...sind heute rund 1 Million Arbeitnehmer
in ca. 1000 Unternehmen in der BR Deutschland

Arbeitnehmeranteile am betrieblichen Eigenkapital

in so vielen Betrieben

unter 5%	283
5 bis 10%	208
10 bis 20%	242
20 bis 50%	159
über 50%	108

Quelle: iw

© Globus 5427